U0784750

阅

阅读成就思想……

Read to Achieve

# GDP简史

## 论GDP对世界政治经济格局的影响

【德】菲利普·勒佩尼斯（Philipp Lepenies）◎著
曲 奕 王建斌 ◎译

**DIE MACHT DER EINEN ZAHL**

Eine politische Geschichte des Bruttoinlandsprodukts

中国人民大学出版社
·北京·

**图书在版编目（CIP）数据**

GDP简史：论GDP对世界政治经济格局的影响 /（德）菲利普·勒佩尼斯（Philipp Lepenies）著；曲奕，王建斌译. -- 北京：中国人民大学出版社，2018.4

书名原文：Die Macht der einen Zahl：Eine politische Geschichte des Bruttoinlandsprodukts

ISBN 978-7-300-25646-7

Ⅰ.①G… Ⅱ.①菲… ②曲… ③王… Ⅲ.①国内生产总值—关系—国际政治—研究②国内生产总值—关系—世界经济—研究 Ⅳ.①F222.33 ②D5 ③F11

中国版本图书馆CIP数据核字(2018)第054342号

**GDP简史：论GDP对世界政治经济格局的影响**

【德】菲利普·勒佩尼斯（Philipp Lepenies） 著

曲 奕 王建斌 译

GDP Jianshi：Lun GDP Dui Shijie Zhengzhi Jingji Geju de Yingxiang

| | | | |
|---|---|---|---|
| **出版发行** | 中国人民大学出版社 | | |
| **社　　址** | 北京中关村大街31号 | **邮政编码** | 100080 |
| **电　　话** | 010-62511242（总编室） | | 010-62511770（质管部） |
| | 010-82501766（邮购部） | | 010-62514148（门市部） |
| | 010-62515195（发行公司） | | 010-62515275（盗版举报） |
| **网　　址** | http://www.crup.com.cn | | |
| | http://www.ttrnet.com（人大教研网） | | |
| **经　　销** | 新华书店 | | |
| **印　　刷** | 天津中印联印务有限公司 | | |
| **规　　格** | 148mm×210mm　32开本 | **版　　次** | 2018年4月第1版 |
| **印　　张** | 5.5　插页 1 | **印　　次** | 2022年8月第3次印刷 |
| **字　　数** | 97 000 | **定　　价** | 49.00元 |

# 前言

国内生产总值（GDP）是人类历史上最具力量的一个数字。统计学上从没有哪一个数字曾带来过如此的震撼。表面上看，GDP 仅仅度量一个国民经济体在一定时期内生产出来的产品与服务的价值总量，但如果将 GDP 与反映 GDP 变化情况的增长率放在一起考量，其所表达出来的意义就远远超出统计学范畴。GDP 是反映经济发展与进步的核心指标。GDP 正增长不仅仅是每个政府都公开追求的目标，而且也是摆脱经济危机的唯一出路。世界的经济与政治很大程度上都受 GDP 的影响。

但 GDP 不是一个让人一目了然的数值，比如某天的温度为多少摄氏度、去年碳排放有多少吨或者早餐吃了多少卡路里，而是经过复杂核算而得出的结果，且核算过程只考虑某些特定的经济领域。GDP 的计算基于对服务以及国民经济的理解。

GDP 是一个现象，它是根据特定规则计算出来、用以反映经济事实的一个数字。真正意义上来说，这是一场政治算术：GDP

不仅仅只是受政府委托被计算出来，其结果还反过来影响着政府行为，即它允许政府根据 GDP 数据来治理国家。

美国商务部认为 GDP 是“20 世纪最伟大的发明之一”，但对于许多其他国家来说，GDP 的力量让人心忧。法国前总统尼古拉·萨科齐成立经济表现和社会进步测度委员会，他在测度报告的前言中写道：“我们用统计学的方法来计算社会富裕状况，用得出的数字来代表社会真实的富裕水平，同样也用统计得出的数字代表社会的现实状况……我们自己创造了这样一种数字崇拜，却又被这种崇拜牢牢束缚。”除了这一派批评 GDP 及反对一味追求增长率的人，还有另一派人，坚信 GDP 计算方法的科学性，高唱着增长率的颂歌。但无论怎样，两大派系都认为，GDP 在我们的政治文化生活中具有核心意义。

但是 GDP 到底是如何拥有了如此强大影响力的呢？一个在第二次世界大战之前还默默无闻的统计学概念，是如何取得如此辉煌的成就的？本书将探究并回答这些问题。本书讲述的是 GDP 的历史，主要包括国民生产总值的诞生与广泛应用，也包括国民收入这一早期概念的一些内容。第二次世界大战后，作为经济与政治核心指标的一直都是国民生产总值，但自 20 世纪 90 年代，GDP 在全球范围内取代了国民生产总值的地位。二者只有少许细节区别，在本书中不做细致探讨。

# 前 言

GDP 的特殊地位取决于其政治接受度。因此让国民生产总值成为被广泛认可的治国方法并让其计算方法最终成为政治算术的那些时间点和事件就显得尤为重要。

本书并不企图描述国民经济核算的完整历史，关于国民经济核算的历史已有诸多著述。相反，关于 GDP 诞生时的政治背景及让其最终得到认可的那些决定性的历史事件极其重要。这些背景与事件让我们可以更深刻地理解这段历史的高度复杂性，并且了解 GDP 拥有怎样的传统及前身。本研究的出发点不是想要抒发类似萨科齐的感叹，惊异于 GDP 竟拥有如此强大的权力，而是针对现今 GDP 发展史研究相对较少的情况下，去改变、补充，甚至是所谓推翻这一现状。

本书将要讲述的这段政治史里，有三位人物极为重要，他们分别是威廉·配第、科林·克拉克以及西蒙·库兹涅茨。配第的实验是 GDP 最重要的前身，早在 17 世纪的英国，他就将一组组赤裸的数字转化成与政治相关的数据并演变成了行使权力的工具，即政治算术；克拉克是一位伟大的独行侠与化学家，1929 年全球经济危机后，他不满于英国国民经济数据缺乏的现状，独自一人完成了 GDP 核算的许多基础性工作；库兹涅茨是俄裔美国著名经济学家，运用其在早期苏联掌握的统计学知识，提出了国民收入的系统性核算方法。他与克拉克是同时期的科学家，受政府委托对国民收入进行一系列的核算工作。

配第、克拉克与库兹涅茨的伟大无可争议，但他们最终都没有让自己的想法得以实施，不得不说，这带有一定的悲剧色彩。GDP 的历史也可以看作一本教科书，教给我们在什么样的情况下才能让自己的想法在政治上具有影响力。意识形态是一方面因素，但都远不及全球经济危机及第二次世界大战带来的更为极端的影响。而约翰·梅纳德·凯恩斯将克拉克与库兹涅茨的理论融入自己的想法，如果没有他，GDP 的历史说不定就会改写。

GDP 的诞生史是复杂的。这复杂的历史告诉我们：一方面，这样一个简单的数字能够拥有如此强大的权力且能够最终获得胜利靠的是战时经受住考验、战后作为国际标准推广以及对政治算术的效力抱有信心；另一方面，对 GDP 及经济正增长的追求皆是以政治为导向的，这种政治性的价值观导向本是为了解决战时及战后遗留问题。

本书第 1 章对 GDP、国民生产总值以及国民收入等几个重要的技术性概念进行解释；第 2 章介绍威廉·配第及其政治算术相关理论；第 3 章以英国为案例分析科林·克拉克的思想；第 4 章主要介绍西蒙·库兹涅茨以及 GDP 在美国的发展史；第 5 章介绍德国的情况；最后一章对追求增长率以及国民生产总值的现象进行分析，探讨这种追求如何最终变成一种经济增长信条，以及 GDP 这一个简单的数字如何达到其权力的高峰。

## 目 录

Die Macht der einen Zahl
Eine politische Geschichte
des Bruttoinlandsprodukts

# 01 国内生产总值、国民生产总值与国民收入

从概念上来说，GDP 是一个结果；从计算的角度来说，GDP 则是一个总量。GDP 这一概念的提出基于以下假设：我们可以把一个国家生产的所有最终产品和服务看作一个整体商品，其货币价值也是所有产品与服务的总和。这也能解释为什么 GDP 这个数值我们总是用单一的一个数，而不是说一个国家的 GDP 分别是多少。

简单来说，GDP 是在一定时期内一个国民经济体在国内生产的所有成果的价值总和。这其中涉及的是所有国内生产的最终产品和服务（增加值），不包括再用于供别种产品或服务生产使用的部分。

价值这一概念指的是货币数值。GDP 不关心产品或服务的数量和质量，只关心所有生产出来的最终商品的价格叠加。例如，一辆车最终卖多少钱不重要，而汽车生产商在汽车生产最后一个环节带来的增加值才是关键。汽车制造商为生产汽车所需的所有在市场上购入的中间产品和服务（原料、服务及初级产品）的价值，都要从汽车的售价中减掉。这样可以避免重复计算，因为比如由轮胎生产商或组装汽车座椅的工人带来的中间产品的价值已分别列入统计。[①]

根据价格进行价值估计的意思是指，只有在市场上进行交易的产品与服务才会被纳入核算，没有市场价格的进行 GDP 核算时不予考虑，如无薪酬家务劳动及自然资源消耗这些从市场逻辑角度来看都是无偿使用的。

两期 GDP 的差值除以基期的 GDP 总量，得到的就是 GDP 增长率。增长率以百分比来表示，而且为了减掉通货膨胀可能带来的影响，在计算时应扣除价格因素，因为即使生产出来的产品与服务的数量没有增加，GDP 也可能因为价格水平的变动而出现增长的假象。[②]

总值的意思是，不考虑生产过程中出现的固定资产折旧（尤其是机器损耗），而如果以扣除折旧费的方式扣去设备消耗的价值，得到的就是国内生产净值。

① 统计价格首先统计成本价格（除去增值税后，生产商从最终消费者处得到的价格）。成本价格叠加得到的是总增加值。算上各种商品税（如增值税以及石油税），再扣除可能的产品补贴，得到的就是市场价格下的产品增加值，这也就是 GDP 的定义。

② 理论上来说，不仅仅是产品与服务数量的增加会带来 GDP 的增长，商品质量提高也会带来价格变化。但想要区分开质量提高带来的价格提高以及一般的价格升高，从实现方法上来说很困难。更为重要的是，从历史角度来说，增长率这一概念过去以及现在都与生产出来的产品与服务数量相关。

GDP 考虑的是本国产品，计算特定经济区域内（通常指一个国家境内，无论从本国国民角度还是工作的角度）所有个体的经济活动。核算时不考虑个体的国籍或居住地。例如核算德国 GDP 时，不仅要计算位于德国境内的德国企业，德国境内的中国企业以及每天从波兰往返德国的通勤族带来的增加值都要纳入考量，但在中国境内从事生产的德国企业或者是在法国斯特拉斯堡上班但住在德国凯尔的上班族的价值创造则不在计算范围内。

从核算对象来看，国民生产总值与 GDP 是相同的（国民生产总值也计算总增加值）。从定义角度来看，二者的关键区别在于，国民生产总值关注的不再是国内，而是国民概念。也就是说，国民生产总值核算的是长期居住在一个国家内的所有个体（按照本国国民原则）带来的增加值，无论此增加值是在居住国境内、邻国还是其他国家产生的。

随着全球化不断发展，了解国境内的经济水平越来越重要。若要对经济水平进行短期分析，GDP 比国民生产总值更具说服力。因此，1991 年美国调整了其核算方法，转而关注 GDP 数值。德国也于 1997 年从倾向国民生产总值核算转向国内生产总值。

GDP 核算方法（国民生产总值核算方法也类似）上的特殊之处在于，它有三种不同的核算方法。理论上三种计算结果相同，这样也就可以从不同角度检验 GDP 数值是否正确，对 GDP 的理解与分析也更全面、可信。

GDP 的三种核算方法是生产法（从新生产的角度）、支出法（从最终使用的角度）以及收入分配法。生产法需要核算所有生产者的总增加值，而支出法计算的是最终消费者为购买产品与服务所支付的价格，即产品与服务在市场上流通的价格。支出法的计算与需求侧有关，比如居民消费、政府购买、企业投资以及出口等。这些数值相加，再减掉进口额（即进出口贸易差额），就得到 GDP 的数值。

第三种核算方法是收入分配法，它是对一定时期内生产过程产生的收入进行核算，即劳动者（本国国民原则）报酬加上企业及财产收入，就得到国民收入，也叫作扣除要素成本的国民净收入。简单来说，这是一个国民经济体内所有成员可支配收入的总和。

如果在此数额上加上折旧费、向政府缴纳的生产税和进口税，再减掉政府补贴，得到的就是国民总收入。在数值上，国民总收入与国民生产总值相同，但是国民总收入考量的是收入侧。[①] 如果减掉国外发生的支付与征收额，即初级收入（包括员工薪酬与利息收入），这时，核算原则从本国国民原则转换成国内原则，得到的就是 GDP 数值。

① 国民生产总值这一概念已不常用，现多用国民总收入代替。

在德国，GDP 核算方法只有生产法和支出法，因缺少关于企业及财产收入相关的数据而无法使用收入分配法，这些数据被纳入余值进行核算。

GDP 及其核算过程属于国民经济核算的一部分，进行国民经济核算是希望用数字来尽可能全面、清楚地展示一个国家经济情况的全貌。经济运行以及个人与机构的各项经济活动以数字的形式列在账户及表格中，而只有借助这些账户和表格才能进一步进行 GDP 核算。

国民经济核算基于复式簿记法，即在一个表格中记录的收入，应在另一个表格中记录有相应的支出。这些数据是根据最新经济统计数据（财政统计、税务统计以及德国联邦劳动局数据）、商业统计、大公司年度报表、家庭调查以及协会信息核算得出的。GDP 核算是国民经济核算最重要的一部分，国民经济核算还包括投入产出核算、资产核算以及劳动者核算。

国际上都是依据国民经济核算结果进行 GDP 核算的。欧盟境内适用的是 1995 年出版的欧洲国民经济核算体系（ESVG），很大程度上与世界通用的 2008 年由联合国提出的国民经济核算体系（SNA）相一致。国民经济核算是官方统计数据的一部分，进行官方统计属于国家主权，需由官方机构进行。在德国，这一工作由德国联邦统计局负责完成。

国民经济核算能够反映出社会中所有从事经济活动的人们的循环关系。在经济学教科书中，一开始都会画上一个经济循环关系图。在最简单的版本中，图上只画出了企业（经济）与居民之间的关系（此处出于简化考虑，忽略国家以及跨境交易的情形）。经济循环由居民与企业间的两条方向相反的箭头构成：一个箭头表示的是经济的生产侧——劳动者向企业供应劳动力，企业借以生产出产品与服务，再出售给居民户；另一个箭头表示货币流向——企业向劳动者支付工资和薪金，劳动者用以购买企业生产的产品与服务。用生产法、支出法以及收入分配法进行 GDP 核算时，这两种流向被客观地呈现出来并被量化。GDP 的数值就是不同方向的循环中流通额的总数。

尽管 GDP 有上述三种不同的核算方法，但 GDP 代表的都是生产的规模。同样，代表 GDP 变化情况的 GDP 增长率也是优先被看作生产水平的提高情况。几十年来，批判 GDP 及 GDP 增长率的观点始终认为，这两种概念都是关注生产水平的提高。GDP 是一个物质主义概念。

在 GDP 的前身国民生产总值，以及对生产的关注在政治意识上替代了国民收入的那一刻起，也就是从关注收入流转向关注生产产品时，GDP 这一概念才在政治上真正具有了影响力。随着人们对生产的关注度越来越高，国民生产总值也从一个简单的统计数字变成了最有权力的政治性数值。同时，国民生产总值也变成了一个工具，人们想借此达到太多目的，而不仅仅是提高产品与服务数量。我们可以从国民生产总值以及 GDP 的成功史中看到，这两个概念之所以能够获得成功，就是因为从一开始人们就从政策的角度赋予它们太多目的，而不仅仅是对经济过程的记录。

Die Macht der einen Zahl
Eine politische Geschichte
des Bruttoinlandsprodukts

# 02 GDP 前传：威廉·配第与经济

## 威廉 · 配第与政治算术

英国经济学家威廉 · 配第（1623—1687 年）是国民收入核算的奠基人。上到帝国的领袖，下到城堡里的贵族，了解人民富裕水平或者国家税收情况，一直以来都是统治者的一项重要的行政任务。配第最早认识到，把收集上来以及根据估算得来的数据结合起来加以分析，可以为政府行为出谋划策。他将此命名为政治算术。他很清楚，这种政治算术不仅仅对国家，还对完成这场政治算术的人来说，都是一种权力的来源。

配第的理论与 GDP 的整个历史一样，都是为了应对大规模危机而诞生的。他原本关注的是国民收入的精确核算，而 17 世纪中叶，英国历史上最戏剧化也是最混乱的时期之一到来了。1642 年到 1649 年，英国爆发内战，这次内战以在奥利弗 · 克伦威尔的领导下建立共和制达到顶峰。1688 年，英国爆发光荣革命，荷兰进军英国，国王詹姆斯二世退位。此时，苏格兰与爱尔兰国内武装冲突不断，与法国也处于战争之中。饥荒与瘟疫四处肆虐。

1623 年，配第出生在英国汉普郡一个贫穷的家庭里。他是一位全才：医生、音乐教授、统计学家、议员、人口统计学家、制图员、实业家及作家。伦敦编年史学家塞缪尔·皮普斯评价配第是“他听过的说话最理智的人”。14 岁时，配第成为了一名水手，他在放哨的时候由于高度近视导致船搁了浅。船长下令狠狠地鞭打他，以致他的一只胳膊被打断。由于不适合再继续留在船上，他被抛弃在诺曼底的海滩上。他来到了法国卡昂，他的才华深深打动了在大学教书的耶稣会会士，得到了破格录取。后来他回到了英国，但由于 1643 年爆发的英国内战，他又不得不背井离乡，先后到荷兰乌特勒支、莱顿、阿姆斯特丹以及法国巴黎学习医学。在巴黎，他成为了英国政治哲学家托马斯·霍布斯的助理，并结识了法国著名哲学家与数学家笛卡尔。

1650 年，配第在牛津大学任解剖学讲师。他在课上将一具“尸体”放在解剖台上，当着众学生的面，将这位刚刚被处以绞刑但还没有死亡的年轻女性救活了。随后出版的一篇广为流传的文章《死人的新闻》绘声绘色地描述了这一场景，配第突然声名鹊起，并以此得到了他人生中第一个教授职位。他后来还得到了音乐教授的职位。

1652 年，配第离开了牛津大学来到了爱尔兰，成为了克伦威尔军中的军医。当时，第一次爱尔兰起义（1641 年至 1651 年）刚刚被英军镇压，爱尔兰的大部分土地都被英国占领，需要重新进行土地划分与登记，另外，还需要开展全国范围内第一次精确的土地测绘。配第优秀地发挥了他的组织才能，运用了专业的科学知识，用最短时间完成了这次测绘，在英国政治圈里赢得了不小的声誉。借助于他的测绘，爱尔兰的土地被重新分配，当地居民被驱逐，配第自己也运用不正当手段成为了大地主之一，这也导致他一生都为此遭受政治攻击。配第成为议会会员后，又获封爵士头衔，他一直都在坚定地捍卫英国殖民统治者们在爱尔兰的利益。

在伦敦，配第加入了一个学者协会。这个协会是非正式的，主要致力于进行自然科学的实验性研究。协会深受英国哲学家弗朗西斯·培根的理论思想的影响。培根认为，归纳法、经验认识论以及实验能够帮助人们理解自然，具有改变人类未来的力量。这种新型的研究方法能够带来知识的彻底革新，也是一场伟大的复兴。《伟大的复兴》也是培根未完成的哲学巨著的标题。这场知识革新之中所蕴含的理念是，通过运用这些新的研究方法，人类可以改变环境、影响自然，最终统治自然，成为世界的主宰。

1662 年，这个松散的非正式协会成为了英国皇家学会。作为创始成员之一，配第自己发明了很多不同的机器，比如大型双体船，配第想以此带来海上贸易的新革命，因此这艘船被命名为“实验号”。但实验号没有量产，在船体展示时就沉没了。

培根的名言“知识就是力量”本是指国家权力而言。建立在知识之上的权力能够稳固国家统治、拓展统治疆域。知识就是最好的武器，赢得知识堪比赢得一场战争。

配第还协助他的朋友约翰·格朗特撰写了《关于死亡率的自然观察和政治观察》一书，该书于 1662 年出版，被视为统计学的开山之作。书中收集了伦敦每周一次发表的"死亡公报"的数据进行分析。二人在书的标题中有意识地选用了"政治"一词，因为他们认为，这些数据分析不仅仅可以用于科学研究，还具有重要的政治意义。这些数据分析能够帮助政府计算战时可招募兵力有多少。人口数量能够反映国家力量与富裕水平，是一项重要的规划信息。

《关于死亡率的自然观察和政治观察》一书不仅仅对死亡原因、疾病分布以及病因做了详细分析，还对当时的社会与经济状况做了全面的描述。此外，书中还给出了改进数据收集工作的具体建议，并阐明了继续进行不间断的统计调查的意义。书中列举了很多出人意料的分析结果，比如有多少人无所事事或者从事着对于配第和格朗特来说没有意义的工作，这些人中包括那些倾向于从事神学以及哲学思辨而不是研究自然以及事物本身的学者，也包括那些用文字描述而不是用数据来进行自然以及事物研究的人。只有清楚地了解国家的社会与经济状况，才能保证政府活动能够良好、更加安全以及有序地开展起来。统治的艺术在于保证臣民和平、富足的生活。①

这种新的统计学方法一经面世也被立刻运用到社会过程的研究中。培根把国家政策比喻成人的身体。想要成功地治理国家，就要先知道这个身体是如何运行的。作为一名医生，配第能深刻理解这句话的含义。因此，17 世纪 60 年代在抗击荷兰的战争期间，他将他新出版的书命名为《爱尔兰的政治解剖》。

同时，配第还写了一篇名为《献给英明人士》的论文，并于 1691 年被作为附录与《爱尔兰的政治解剖》一起出版。从标题上就能看出，这篇论文是想要为统治者出谋划策。论文的副标题是《英国的财富与支出及赋税征收的方法：在政府需要的情况下，国民每年可承担 400 万英镑的赋税》。虽然文章页数很少，但足以被看作系统地进行国民收入核算的开端。

配第通过对国民支出进行估算得出英国的国民收入水平。根据估测，英国有 600 万人口，通过估算每日人均支出（食物、住所、衣物以及其他必需品），配第得出，英国国民每年总支出或总消费为 4000 万英镑，这就意味着，英国国民每年总收入至少为

① 17 世纪中叶的一场瘟疫结束后，议会决议要求英格兰以及威尔士的所有教区停止进行详细的出生以及死亡登记。只能通过税收系统的数据变化来获得关于房产、土地、家畜以及食品消费的一手资料。对于对外贸易的监管也更严格，商品流动均需要进行登记。在配第生活的时代，关于社会与经济状况的数据都是不完整且非常初级的，在配第之前，也没有更为完善的数据来源。

4000 万英镑。配第对英国的存量财富进行了计算（准确来说是估算），存量财富主要来自于土地，每年土地收入只有 1500 万英镑，那么另外的 2500 万英镑则来自其他收入来源，这个来源就是劳动要素。配第认为，这 2500 万英镑就是由雇佣劳动带来的收入。

配第的估算是历史上进行的第一次国民核算，虽然看起来很粗糙，而且展现形式平淡无奇，估算过程以及结果都只是用几行数字以及报告的形式展现出来，但这种核算理念是从未有过的。配第将收入侧与支出侧进行对比，将二者分解成若干组成部分。另外，他还大致上区分了存量与流量，因为他不仅考虑了国民收入情况，还尝试对现存财富的价值进行了计算。通过他的核算，得以将国家经济活动的结构与状态清楚明了地以数字的形式展现出来并加以分析，得出国民收入的来源以及支出情况。

进行国民收入核算本身并不是目的，核算结果有多么准确也不是最重要的。[①] 对配第来说更为重要的是，他想用这些数字证明，改变国库的税收制度能够带来更多收入。国家的计税基础比想象的要广很多。要想证明自己的想法，配第需要拿出可信的数字，证明国家收入只有一小部分来自土地。如果劳动力能带来更多的收入，那么也就能征收到更多的税。这也是配第想要传达给国家政策制定者最关键的信息。他发现了劳动力的经济价值。卡

---

① 在配第 1662 年出版的《赋税论》中，他估计英国国民支出“很可能不小于 5000 万英镑”。

尔 · 马克思以及弗里德里希 · 恩格斯称他为“现代政治经济学的创始者”以及“最天才和最有创见的经济研究家”。配第认为，劳动在经济过程中非常重要，因此他将此理论命名为劳动价值论，这一理论后来成为了亚当 · 斯密以及马克思的理论思想支柱。

配第不能像自然科学研究者那样，用实验和规则来证明他的核算过程，但他依旧坚信自己的核算方法是革命性的：“我运用的这种核算方法还没有被广泛接受。我没有使用‘比较’‘最’之类的字眼或者是纯思维性的论述，而只关心数字、分量以及尺度（运用的是我一直以来始终遵循的政治算术的方法），我只运用感官印象进行观察而且只关注能够揭露其本质的客观规律。”

配第的要求很高。他想要摒弃理论观察以及主观臆想，转而采用准确、可测、可量化的，因而也是可信的方法来描述现实状况。

配第用数据分析取代了实验。这些数据能够反映社会与经济现象，它们是政府行为的结果，因此研究这些数据也就能像分析实验数据一样对政府措施的成功与否做出判断。

大约十年后，也就是 1676 年，配第重新进行了英国的国民收入核算。他将他的核算过程写成了《政治算术》。书的主要内容通过副标题即可略知一二：“关于国土、人民、建筑……所有与国家有关的事项的规模与价值，主要介绍英国及其邻国荷兰、法国的情况。”配第将英国的国民核算数据与荷兰、法国进行对比，想以此证明，英国国家富足、资源充沛，尽管刚刚经历战事与革命，但无论是从经济还是军事角度，英国都可以与荷、法两国匹敌。由于英国当时正意欲成为欧洲霸主，因此配第的理论和数据可以说是写得非常适时。

配第的第一篇关于政治算术的文章给出了 10 项结论，后续他又有多篇以政治算术为题的文章发表。根据数据分析结果，配第认为，英国的国家财富与国家权力在过去 40 年里有了长足发展。原因不仅在于殖民地扩张及其所带来的经济效益，更在于全国各地基础设施的大规模改善、农业的发展以及贸易的扩大。配第认为，社会富裕水平提高的另一指标是国家收入在此期间翻了三倍。根据配第的理论，从根本上来说，小国也可以像大国一样强大、富有，所需要的是提出正确的贸易政策以及推进各种经济活动。配第还预言，改善税收制度能够为国家带来更多收入，足以用于增强国家军事力量。更高的赋税甚至可以提高而不是降低富裕水平。

配第的结论是在对法国旁敲侧击。配第认为，法国自然资源匮乏且政治环境不佳，绝不可能作为海上大国与英国匹敌。而英国想要达到法国的富裕水平及国家实力则非常容易。如果向国民征收 10% 的消费税，那么就可以长期为 10 万步兵、3000 马匹以及 4 万海军提供保障，还有盈余用以应付突发事件。甚至，基于英国现有劳动力及劳动岗位，足以为英国每年再提高 200 万英镑的收入。

这些关于政治算术的文章也可以看作一种宣战。配第之所以写这些文章，就是为了让英国摆脱恐惧与自卑，让君主制度的英国不再害怕这个很强大而且看起来好像过于强大的专制制度的法国。配第想要为英国政府加油打气，国土面积的大小不是问题。配第想要从数据中证明，英国可以变得更富足、更强大。

政治算术这一概念在政治上是爆炸性的。这不仅仅源于数据，更源于对数据的分析、推导以及得出的政策建议。配第的文章最先在英国政治圈里秘密流传。在法国，他的观点也引起了轩然大波。这也是为什么这篇文章在配第生前没有出版的原因之一。配第死后，他的儿子谢尔本爵士得到国王批准，于 1690 年才得以将书稿出版。书的前言中写道："如果不是因为这本书的论点引起了法国人的不满的话，这本书早就可以出版了，而且不仅会引来大批追随者，肯定还会不断得到完善，甚至可以用于增进人类福祉。"配第的儿子也认为他父亲的核算方法十分具有创新意义："这本书，先父提名为《政治算术》，因为凡是关于国家治理以及同君主荣耀、人民幸福以及繁盛有关的事项，都可以用算术的一般法则加以论证。所有人都把先父看作这一启示方法的发明人。这种方法就是用一种简单的科学方法来说明世界中无常而复杂的情况。"

政治算术不单单是进行数字运算。政治算术可以“增进人类福祉”，不仅仅是体现经济关系，还能阐明“世界中无常而复杂的情况”。这种方法还能发扬“君主荣耀”、提升“人民幸福以及繁盛”、评估军事实力以及进行国际对比。配第的核算方法已远不只是具有经济意义。在关于死亡率的分析文章中，配第就指出，政府的任务是提高产量、保证臣民和平且富足的生活。这些统计数据的目的是为政府出谋划策。政治算术测算的是政府行为所产生的效应以及统治效果如何。

配第对那些干巴巴的数字不感兴趣，对于他来说，政治目的才有行为指导意义。他在核算过程中，“对待数据非常草率而且数据描述不够准确”。他经常做出一些根据现有数据根本无法得出的结论，或者为了得到他想要的数据而做出没有根据的假设。

尽管配第宣称自己以培根为榜样，自己是为了维护君主以及促进国家发展而进行这些研究的，但实际上，这一切都是为了他自己的利益。他提出要对劳动要素征收更高的赋税，实际上是在维护他作为地主阶级的利益，为地主阶级减免赋税。他的政治算术在本质上是自私的。发现劳动要素也不是出于开放式研究，而是为了弱化他自己所代表的地主阶级的经济比重。

政治算术这一概念在欧洲使用了超过一个世纪。直到 18 世纪末期才被统计学这一概念所替代。德国哲学家以及财政学家戈特

弗里德 · 阿亨瓦尔时任哥廷根大学教授，在 1749 年第一次使用了这个概念。阿亨瓦尔用这一概念来描述与政府工作相关的数据收集与分析过程。所有为政府出谋划策或者为了解政府统治情况而进行的数据收集与分析，都属于统计学的范畴。

但这时的统计学仅仅包含数据和信息的收集与处理，只是为了让政府能够尽可能全面地了解国家的现实状况。这与配第所进行的国民收入核算在一个关键点上有所不同。配第不只是进行数据的收集与处理，他还将数据进行各种组合，从而让数据拥有了内在意义。通过对数据进行组合，他为自己构建了一个方法论的框架，这一框架不仅能够展现当下的经济情况，还能够对经济形势进行解释甚至预测未来发展。他不是在描摹现实，而是用他自己的数据与分析完成了一个他眼中的现实。他的计算性实践定义了经济与社会进程的观察视角，为后来的外部干预理论奠定基础，并为未来的政府行为提供建议。

配第死后两百年里，都没有人再进行过能媲美配第的关于国家收入的核算（即后世所说的国民收入核算）。虽然很多国家都认为进行国民收入核算极为重要，但也没有人能像配第那样进行如此全面、卓越的核算工作。但尽管配第的核算方法十分具有创见性，且提出了很高的核算要求，但是他并没有能为政府行为提供准确的建议。他的数据在那个时代的人们看来，依旧缺乏可信度。

## 配第之后：亚当·斯密与社会产品

苏格兰道德哲学家亚当·斯密于1776年出版了《国民财富的性质和原因的研究》（简称《国富论》）一书，该书标志着经济学正式成为一门独立学科。亚当·斯密不认同配第的政治算术，他从没有在任何一本书中提到过配第，相反，他曾在书中非常直接地写道："我对于政治算术没有多少信心。"

虽然亚当·斯密经常在书中援引数据以证明其观点，但他对数据进行组合分析并不感兴趣。他更关心如何创立一个全面且具有普遍性的理论，使之能够推动经济发展。他想要探讨的是国家怎样才能够变得富足以及国家富足的原因为何。他采用了年产值这一概念，虽然他没有在方法论上细化这一概念，没有更细致地探讨核算基础，也没有像配第那样计算产量，但他的基本观点却也非常清晰：一个国家能生产的商品越多越好。

对亚当·斯密来说，提高生产水平的关键是要不断细化工作分工。他认为，发展农业没有太大前景。因此按照他的逻辑，随着历史发展，国家的经济活动重心将逐渐从农业转向手工业，也会促进对外贸易的发展。亚当·斯密认为，所有人都能从扩大生产以及细化分工中受益："在一个井然有序的社会里，产量的快速增长导致商品过剩，这一现象在各个领域都普遍存在，劳动产品极大丰富，以致可以提供给最下层人民。"

亚当·斯密认为，人的本性决定了人们会追求经济不断发展以及分工不断细化。他认为："改善生活条件是一种生理上的需求，这种需求在平日里通常表现得很平静、很克制，但这种需求是与生俱来的，并且伴随我们直至死亡。人生在世，我们总是不断追求更好，很少会有某一个时刻，我们会觉得极其满意，满意到让我们可以放弃追求更好。"

物质财富的增加得以让大多数人都开始追求更好，但是却总是无法达到完全满意。这种追求更好、追求更多物质财富的心情是永无止境的。

亚当·斯密认为，人本性的另一个特征是具有交换与易货倾向。这种交换倾向以及希望改善生活条件的愿望，不仅是将人类与动物区别开来，还让人类学会了必要的合作以及互相联系，这也促进了经济体制的诞生。对斯密来说，交换、私利以及分工的结果就是普遍性的财富积累。虽然贫富之间始终存在差距，但扩大生产至少可以在物质层面上减小现有的社会差距："欧洲某位王子的住处与一个普通农民的住处之间的差距会小于这个农民与非洲某个能左右成千上万野蛮人生死与自由的国王之间的差距。"经济发展是一种"自然的进步"，产量增加带来的物质生活条件的改善是人类历史的"自然"发展过程。因此，斯密用了年产值这一概念来代表土地与劳动要素带来的收益。

斯密之所以选用“自然”一词有其政治原因。他创作《国富论》并进行经济活动的研究不是出于政治考虑，而是为了抗击重商主义，他反对政府引导经济发展，尤其是对生产进行管辖与限制。另外，斯密也反对重农主义者，重农主义者认为只有农业发展才能保证国家富足。重农主义的创始人是法国一位医生——弗朗斯瓦·魁奈，他于 1758 年出版《经济表》，提出了一个经济学领域非常重要的观点。魁奈不只研究不同经济主体间的循环关系，他还提出了纯产品这一概念，即生产过程所生产的财富扣去生产过程中所消费的财富后的余额。对魁奈来说，纯产品只能通过农业产生再扩展到其他领域，这种视角与斯密重视产品生产的视角决然不同。

斯密认为，物质生活的改善是人类本性的结果，因此国家对“自然”经济过程实施干预势必影响财富积累。让人们遵循其本性的倾向放任发展，对所有人都有好处。这也是“看不见的手”这一观点的源点。如果人们可以自行决定如何支配自己的财产进行投资（假定他们有足够的钱可以进行投资），他们自然会选择不仅能带来最高收益，还能最利于国家物质财富积累的项目。

在《国富论》讨论“看不见的手”的作用方式的段落中，斯密又提到了年产值这一概念，斯密以年收入这一概念与之等同：因为每一次的投资都会带来生产率的提高，所以所有投资者都为年收入的提高做出了贡献，在这个过程中，看不见的手提高了年产量，继而提高了社会的年收入。根据斯密的劳动价值理论，每个商品都有它的自然价格，这个价格与为生产这个商品所付出的努力相同，这个努力主要是指劳动要素成本，劳动要素成本以工资的形式支付给劳动者。基于此，斯密进一步提出："每个社会的年收入都等同于其工业总产量的交换价值。"同配第一样，斯密的观点也是基于复式簿记法，只是配第侧重支出，而斯密则更关注生产。

尽管斯密认为，国家不能直接干预经济过程，但他的观点中却包含了针对国家提出的种种要求。政治经济学是一门政治科学。斯密认为，国家有责任为经济的自然发展保驾护航，国家应优化市场框架条件，组织司法及国防机构以及建立公平的税收体制。政治经济学主要研究的是，如何才能获得更高的收入进而改善国民生活条件。同时，国家要确保有足够的收入以达成上述各项要求。这就是斯密所说的"一个井然有序的社会"。斯密和配第都认为，国家应该创造一个能够提高产值的社会环境，从而保证国民能够拥有和平且富足的生活。但与配第不同的是，斯密并不是通过分析年产值的相关数据而得出上述结论，斯密靠的是理论思考。

在亚当·斯密的世界观里，每个人的社会地位都是由上帝所指派。社会中的不平等现象也属于上帝的安排，反抗这种安排毫无意义。斯密认为，贫富差距是天生的，看不见的手的作用也是一样：社会不平等才能让大家都生存下来，富人消费，穷人才有了生活的基础。物质财富的增加能够避免仇富现象的产生，进而巩固社会现状。

## 马尔萨斯与马歇尔

18 世纪末，罗伯特·马尔萨斯提出了他最为知名的人口理论，他也因此于 1805 年成为英国第一位政治经济学教授。根据他的理论，地球上的食物或生活资料的生产速度跟不上人口增长的速度，因此不可避免地会导致饥荒与贫穷。马尔萨斯认为，他于 1820 年撰写的教科书《政治经济学原理》对于经济学理论的阐释，只有亚当·斯密才能与之媲美。在马尔萨斯去世后，该书于 1836 年修订再版，添加了一些关于国民收入核算方法的重要内容。马尔萨斯并没有亲自进行国民收入的核算，而是试图列出一些进行核算时需要注意的问题。他并没有运用一个统一的概念，而是根据需要选用国家收入、国家财富、国民收入或国民产值等概念。

马尔萨斯和亚当·斯密一样，都局限于根据生产出来的物质商品的数量来核算国家富裕水平。马尔萨斯认为，这样计算的原因在于，不同于提供服务或其他非物质的商品，物质商品的价值可以被准确地计算出来：其价值等同于市场上这些商品的购买价格。另外，也只有物质财富才能进行积累。由于马尔萨斯关注商品的可测量性，因此他的核算仅局限于那些对国家富裕水平有所影响的商品，一切不能在市场上交易的商品都排除于核算之外。

阿尔弗雷德 · 马歇尔也曾在其巨著《经济学原理》（1890 年出版）中详细探讨过国民收入核算的问题，但他最为关注的还是价值评估标准。① 马歇尔与马尔萨斯的不同之处在于，他也关注非物质的商品与服务，前提是这些商品与服务都有其市场价格。根据国家现有资本与劳动，每年都会生产出来一定数量的物质商品与服务。如果算上国外投资带来的收益，再减去生产过程中发生的资本损耗，就能得到国民净收入。由于所有生产出来的产品都是用于消费，那么总消费支出在数额上就一定与总生产收入相等。消费就是负生产。②

马歇尔和斯密一样，都认为经济学是一门研究财富的学科。商品带来财富，这里的商品指的是所有能够满足人们需求且能用货币单位衡量其价值人小的产品。但马歇尔比斯密更强调商品数量的提高，马歇尔认为，这是社会政策的需要。经济学应致力于解决社会问题，即缓解由工业化带来的大规模贫困现象。通过提高国民收入改善物质生活环境是解决贫困的先决条件。在斯密所

---

① 根据马歇尔的定义，经济学研究的是日常经济活动中的人，主要研究“个人和社会活动中与获取和使用物质福利必需品最密切相关的那一部分”。经济学是一门研究财富的学问，同时也是一门研究人类行为的学问。

② 马歇尔此处用了两个概念：一个是国民收入， 个是国民总所得。

处的时代，商品年产量的提高就自动意味着社会下层人民的物质生活水平也得到了提高，而在马歇尔的时代，由于 1834 年英国颁布了《新济贫法》，停止了自 1597 年开始的院外救济，解决贫困已经成为了国家最紧要的问题。

## 庇古与福利

英国经济学家亚瑟·塞西尔·庇古是马歇尔在剑桥大学的继任者，他进一步深化了马歇尔的研究。他于 1920 年出版的《福利经济学》（第四版）主要研究国民收入核算问题。整本书将近 900 页，都在研究国民收入对于不同经济领域以及国家总体福利情况的影响[①]。

同马歇尔一样，庇古也对经济学的基本功能进行了深入思考，另外他还探讨了经济学的学科范围，比如经济学的特点是什么、经济学比其他学科更为重要的地方在哪里。庇古认为，经济学的任务是改善社会环境，在这一点上，他与他的老师马歇尔观点相同。庇古认为，经济学的主要功能应当是提出能够提高福利水平的具体措施。庇古用了福利替代了富裕。

但福利是一个很广泛的领域。虽然庇古没有给出准确的福利

① 庇古书中所用的名称是国民总所得。

的定义，但可以确定的一点是，福利可以在或大或小的范畴内产生，且其中只有一部分可以被衡量。庇古认为，在社会群体生活中，可资利用的测度工具就是货币。因此庇古的研究就主要局限于“能够直接或间接与货币这一测量尺度有关的那部分社会福利”。庇古将这部分可用货币测度的福利称为经济福利。经济福利是社会总福利的一部分。在经济福利与非经济福利之间并不存在着一条明确的界限。根据经济学研究聚焦于货币这一特征，我们可以对经济学的研究领域做出较为准确的界定。庇古认为，经济福利提高，不一定会带来总福利的提高，但是存在这样一种较高的可能，即经济福利的变化会对总福利产生积极影响。

庇古认为，经济福利状况与国民收入水平相关。因为经济活动并不会直接提高福利水平，而是要通过国民收入的数量与分配情况来对社会福利产生影响。因此，经济福利必须要通过国民收入这一货币标杆才能进行测算。如果国民收入提高，除非特殊情况，我们都可以在一定程度上推断，社会总福利也有所提高。

庇古很清楚，国民收入的核算方法中存在悖论，但他也只是轻描淡写地举了一个例子：“如果一个男人娶了他的女管家或者厨娘，那么国民收入就会减少。”

国民收入这一概念从经济学诞生之初就一直存在，其核算方法也不断被细化。但是对于这个数字，人们只是从理论而不是从具体政策的角度解读它。人们认为进行国民收入核算并不重要，也没有必要将它纳入政治决策的前提。再加上缺少相应的数据等原因，历史上一直都没有从政府层面进行过国民收入核算。直到 20 世纪，连经济学家都不相信配第政治算术体系的必要性，更何况普通人。甚至是产量扩大能够提高福利水平从而解决社会问题这一想法，也有很多经济学家认为在方法论上无关紧要。同样，也只有极少数人认为国民收入可以作为直接政策规划目标。比如，英国经济学家莱昂内尔・罗宾斯到 1932 年还在他的《论经济科学的性质和意义》中论证经济学作为科学的意义：经济学家应通过观察人们对稀缺性商品的选择来对人类行为进行研究及建模。对于经济学家应探究导致物质富裕的原因这一观点，罗宾斯认为这是非学术的：研究政治或社会政策对社会生活可能产生的影响，超出了经济学研究的范畴。他认为，富裕这一概念与经济学理论不相关："我们可以用维生素或者卡路里含量来测量食物，但无法用这样的物理尺度测量富裕的大小。"同样，对他来说，进行国民收入核算也不是经济学研究的范畴。

Die Macht der einen Zahl
Eine politische Geschichte
des Bruttoinlandsprodukts

# 03 英国：科林·克拉克的失落

## 国民收入与避孕

英国人科林 · 克拉克（1905—1989 年）是现代最重要的几位 GDP 核算先驱者之一。他提出了许多至今仍适用的 GDP 核算要素，他还亲自进行了国民收入核算，并将国民收入核算与两个全新的领域结合起来：其一是将经济增长以及国民收入增长率作为测度经济发展的标准；其二是将国民收入作为国家之间对比的指标。克拉克的理论是国民收入核算史上的一个重要转折点，标志着国民收入核算成为一个与政策制定相关的数据。他的理论改变了我们对经济增长乃至对世界的看法。

1984 年，世界银行出版了一套经济发展理论名人传记丛书，共有十人入选，科林 · 克拉克就位列其中。如果没有他的国民收入核算的研究，就不会有根据人均收入来判断社会发展状况是否发达这一方法了。

克拉克极其崇拜配第。他试图将配第的政治算术进行调整，以适应新的时代要求。克拉克的研究对于现代 GDP 核算的发展意义重大，尽管他的研究没有像配第经历的那样被束之高阁，但他也远没有得到应有的支持。无论是政策上还是学术上，克拉克的统计理念在他生前都没有得以贯彻、获得成功。事业上不得志，政治上缺乏影响力，使他终其一生都在表达怀才不遇的辛酸。

克拉克的父亲詹姆斯是苏格兰人，1878 年移民澳大利亚。在靠出口羊毛和肉类发家后，詹姆斯 1905 年回到伦敦，不久后他的儿子科林便出生了。几年之后，他们从伦敦搬到了普利茅斯附近的一家农场居住。

克拉克在牛津大学攻读化学专业，这也是配第曾经任教的地方。大学毕业后，他先是留校任教。出于对经济学的兴趣与好奇，他总是定期去参加一个研究经济政策的经济学协会的活动。作为一位自然科学学者，他很反对这些专家进行经济学讨论的方式。克拉克觉得，这个协会的研究方式过于理论化，也过于强调推论，不关注实践，而且其研究方式也并不适用于他们的研究对象。闲暇时间，克拉克专心研究配第的著作，并自行收集、处理经济数据。对于配第来说，理想的科学研究的形态应该是：只有通过数据和实践才能得到真知，且政府行为应当建立在数据分析的基础之上。

克拉克对经济形势的分析是以实践为基础的，他的研究不仅让整个协会印象深刻，也吸引了牛津大学里的经济学家们。他们鼓励克拉克进一步深入他的研究。通过他们的引荐，克拉克成为了当时几位最著名的实践型经济学家的助理。另外，20 世纪 20 年代末，他还与福利国家的倡导者威廉·贝弗里奇合作，共同参与了针对伦敦与利物浦的社会经济学状况的研究。

1930 年，克拉克成为了英国工党政府新成立的国家经济咨询委员会的研究员。这是英国历史上第一次成立经济学领域的专家委员会来为政府提供咨询。那时，政府不知该如何应对日渐严峻的世界经济危机，尤其是因为政府并不知道到底发生了什么。

委员会的成员中包括当时已颇具盛名的约翰·梅纳德·凯恩斯以及亚瑟·庇古。但是，政治家们却不愿意接受委员会专家们的建议，不管委员会如何反对，他们依旧坚持以前的经济政策，如贸易保护主义。克拉克在回顾他的这段经历时说："那个时候的政府，首相应该进精神病院，财政部长身体不好没法工作，经济部长就是个罪犯。"委员会里的讨论经常是"混乱而且没有意义的"。尽管如此克拉克还是在委员会里介绍了他的一些统计学研究，这些研究对凯恩斯和庇古产生了深远的影响。这个时候，克拉克才刚刚 25 岁，没有接受过任何专业的经济学教育，连博士学位都没有。但是在那个时代，人们突然开始变得渴望获得从前不曾有过的数据和信息，所以克拉克迅速地拥有了统计学神童的称号。

克拉克对委员会的工作很失望，离开委员会后，他多次尝试成为工党的议会议员，但都没有成功。当时在剑桥大学任教的庇古与凯恩斯为他在学校里谋到一份统计学助理教授的职位。尽管这个职位的工资很低，也没有什么威望，但是克拉克依旧在剑桥从 1931 年工作到了 1937 年。不过在这段时间里，他也算是选对了地方。也正是在这几年里，凯恩斯创作出了他的巨著《通论》，意欲掀起一场经济学的革命。克拉克为凯恩斯提供了很多统计学数据，这些数据也只有克拉克才能统计出来。因为早在 1932 年他就已经在他的《国民收入 1924—1931》一书中，对英国过去几年的国民收入发展情况做出了与凯恩斯一致的评价，并且列出了进行国民收入核算与定义国民收入的指导性方法。虽然凯恩斯认为克拉克的研究非常伟大，但他在《通论》中也只引用了唯一的一次。

克拉克对他的处境很不满。他在学校里没有升职的空间，在政治上也没有影响力，没有人意识到进行一个像配第的政治算术那样的国民收入核算的必要性，克拉克的政治抱负难以实现。于是，1937 年克拉克向剑桥大学申请休假，他决定像他父亲那样去澳大利亚碰碰运气。他想到澳大利亚继续他的研究，同时在政界有一番作为。临出发前他出版了他第二本关于国民收入核算的书——《国民收入与支出》，书中他又进一步细化了他的国民收入核算方法。

澳大利亚的国情非常适合克拉克的研究。克拉克对昆士兰的社会经济状况非常满意，因为这里良好的社会经济条件能够让他把政治与科学研究结合起来。在这将近 200 万公顷的土地上只生活着一百多万人口，再加上矿产资源丰富，这里与英国相比简直就是天堂。昆士兰的收入差距很小，工会力量强大，法律环境也倾向保护工人，而且与英国相比，这里已经拥有了一个运作良好的社会保障体系。

1938 年昆士兰政府聘请克拉克出任经济顾问，于是他辞掉了剑桥大学的工作。两年后，他出版了新作《经济进步的条件》。

澳大利亚在国民收入统计方法上非常领先。澳大利亚工程师蒂莫西 · 柯格兰曾在 19 世纪下半叶对新南威尔士的收入情况进行过估算，世人对此了解极少。直到后来政府出版了统计学年鉴，世人才在国民收入核算史中得知这一估算情况。到 19 世纪末，国民收入统计扩展到了澳大利亚的各个州，但到 1904 年，政府对此没有了兴趣，国民收入统计也停止了。

澳大利亚的另一个特点是，天主教对当地政策有很大影响力。在工党内以及政府中，天主教徒是起决定性作用的。科林 · 克拉克也改信了天主教。对他来说，经济学研究不能离开宗教道德准则。他支持早婚、多子以及农业上的自给自足。克拉克心中理想的社会是互相合作且非集中管理的。人们应该生活在田间，而不是生活在没有人情味的城市或大都会。[①] 克拉克率先垂范：他在布里斯班购置了一处庄园，养牛养猪，而且就像圣经引导教徒理应多生养后代那样，他前后生了八个儿子。

克拉克晚年是一位激进的反新马尔萨斯主义者：20 世纪 60 年代，人们普遍认为人口过剩是人类生存所面临的主要威胁之一，因为 1968 年加勒特·哈丁在其最著名的文章《公地悲剧》中刻画了一个人口过剩的星球上诸多可怕的场景，这也是 150 年前托马斯·马尔萨斯曾描述过的，但克拉克却认为人口数量根本不构成威胁。在他看来，世界人口的增长不会带来人类生存的危机。原因是国民生产总值也会随之增长（此时国民生产总值这一概念已开始慢慢替代国民收入的概念）。克拉克认为，在未来相当长的一段时间内，只要经济继续向前发展，就一定能够养活地球上的人口。1970 年，他的《人口增长与土地利用》被译成德语出版了，德语书名是《地球不会挨饿——养活世界人口》。书中克拉克将他关于人口增长的观点表述得非常清楚。这可以算是克拉克最著名的一本书。

克拉克的观点让他在某些领域赢得了一批显赫的追随者。教皇保罗六世 1964 年任命他为梵蒂冈人口控制委员会经济顾问。该

① 克拉克死后不是因其国民收入核算的研究而获得世人承认，反而是因其在农业经济学研究上的贡献。他关于农业经济学的著作在很长一段时间内都被视为行业参考标准，如 1964 年其与玛格丽特·哈斯韦尔合著的《温饱型农业经济学》一书。

委员会负责为罗马教廷就起草通谕《人类生命》提供咨询，该通谕禁止天主教徒使用避孕用具。克拉克的参与让这个通谕不仅是从神学的角度，更是从经济学的角度论证了避孕禁令的合理性。作为一名经济学家，他认为避孕是没有必要的，而作为一名天主教徒，他更是从宗教信仰的角度拒绝避孕。如果克拉克没有做那些关于国民收入和国民生产总值的研究，他大概永远不会成为教皇的顾问。

科林 · 克拉克是古典政治经济学末期的几位重要代表之一。同研究政治算术的先辈们一样，他的目标是为国家决策提供理性且基于数据的建议。同时，克拉克还具有一个清晰的道德观念，他清楚地知道，一个井然有序的社会应该是怎样的。

他经常被批判，原因是他改信天主教很大程度上影响了他的科学研究。克拉克对这些批判的解释是：不是天主教影响了他，而是他在天主教的教义中发现了更多的与自己的想法共通的地方。但是，与其说是他改信天主教，倒不如说是他从英国社会的出走，深深影响了他，从这之后，克拉克便再没有与英国同事进行过国民收入核算方法的讨论。

## 克拉克关于国民收入的论述

1932 年，克拉克开始独自进行国民收入研究，他的《国民收入 1924—1931》一书为国民收入核算方法带来了一次革新，而上一次进行国民收入核算则是很久以前的事了：从 1924 年起，英国就没有再进行过国民收入核算。由于国民收入核算研究的是分配侧，而且会显示出社会不同阶层的收入差距，因此雇主协会极力阻挠核算的出版，因为他们害怕工会会因此变得激进，要求加薪。出于这种理由而对他的作品进行审查，克拉克对此非常愤慨。

克拉克做过政府顾问，因此他清楚地知道，政界缺少能够解释现在经济形势的数据。他不仅想要展示这些数据，还想要证明定期进行国民收入核算的重要性。他的书就是他长年累月甚至有些狂热地进行数据收集的结晶，这些工作在他还在牛津大学的时候就开始了。并没有人向克拉克约稿，他出书全靠自己。

英国历史上还从没有过这样一本内容如此细致、数据与表格如此翔实的关于国民收入的论述著作。没有任何一部经济学著作能像克拉克的作品一样是完全建立在实践基础上的。克拉克在书中详细地解释了他是如何从现有数据中得到他所需的信息，以及为了得到需要的数据他都做过怎样的假设。

克拉克根据最新的生产估算额与税收估算额来推导他所需要的数据。他认为英国统计局的工作不够细致充分。他最大的贡献在于，坚持不懈地从一切可能的源头收集或者是自己计算数据。他觉得自己的核算工作如同在做无米之炊一般痛苦，因此他一直强烈呼吁由政府集中组织进行经济数据的收集工作。

克拉克对国民收入的界定借鉴了马歇尔的定义，他理解的国民收入是指一定时期内，市场上所有可供消费的产品与服务（包括中间产品）的市场价格的总和。克拉克提出，在不扣除折旧的情况下，此时得出的国民收入是国民总收入。由于克拉克提出了这一总值的论断，因此他被认为是现代国民生产总值之父。

在书中，克拉克提出了一个重要的方法论上的革新。他运用了至今依然普遍使用的三种国民收入核算方法，即生产法、收入法及支出法。根据三种方法得出的数据虽然不是完全相等，但是克拉克并不假定、也不期待它们是相等的，因为他能够收集到的数据不够精确。关键在于，通过三种核算方法让国民收入的核算过程变得可信且有说服力。只要三个数值在数量级上是相同的，那么他的核算结果就比以往的测算要合理。

这三种核算方法中，克拉克做得最准确的是从收入侧进行核算，因为他可以利用税收数据以及工资统计结果来支撑他的核算。而关于生产及收入分配的数据太少，不能保证核算的准确性。因此，国民收入核算从方法上看也可以看作收入核算，生产额只能靠估测。克拉克根据 1924 年的数据推断出直到 1931 年的经济发展情况。

克拉克的另一项革新是，他在书中的最后一章利用分析结果论述了某些宏观经济参数在 1924 年到 1931 年的变化情况。而且根据数据，也可以得出消费、储蓄、经济活动人口数以及其他指标的变化情况。在这之前从未有过这样具有说服力的核算过程。

克拉克的核算过程对于经济统计学的进一步发展具有指导性意义。他通过对数据进行组合分析，向我们展示了“应该如何运用统计学：如何运用一点算术上的推算将相对准确的统计数据同不准确的数据混合起来，得出能够解决经济问题的重要结论。他推动了人们对经济总量的关注”。20 世纪 30 年代的英国，除了克拉克，再没有别人进行国民收入的核算了。在《国民收入和支出》（1937 年）的前言中，他就已经开始明确地对缺少经费和人员支持表达了不满。既然经济学能够改善人类的命运，那么政府就应该增加研究投入，尤其是向那些重视数据与分析的研究进行投入，而不是那些只关注理论推论的研究。

标题中的“支出”二字意味着克拉克不只是关注收入侧，还关注国民支出的情况。书中除了介绍新一轮的国民收入核算情况，还尝试对从 19 世纪初以来的国民收入发展过程进行评价，并揭示了国民收入核算的长期发展趋势。克拉克创新地按照季度进行国民收入核算，并在核算时考虑到了季节性的波动。同时，他在书中还介绍了自己对于经济进步的评判标准，即参与经济活动的人口的人均收入变化率。英国经济水平在过去 80 年里的提高程度比过去400年的提高程度还要高。通过对人均收入进行核算可以得出经济水平的变化率，也可以观察到在经济框架条件不利的情况下收入的损失情况。此外，通过对数据进行分析可以发现，即使是在资本积累与投资下降的地方，生产力与人民收入也有所提升。这与当时流行的观点不同，当时的观点认为，只有资本积累才能带来经济进步。

1939年，克拉克出版了《苏联统计学评论》，在书中，克拉克对苏联的统计学方法及统计水平进行了探讨。在20世纪初，苏联的统计学被认为已达到很高的水平。克拉克运用自己的核算方法并以英国价格为基础重新对苏联的国民收入进行了核算，并且将两国商品价格进行对比、分析。克拉克认为，由于苏联政府实施价格管控，所以无法得出有说服力的分析。

克拉克又从生产的角度给出了一个简单的国民收入的定义："经济发展唯一有效且完整的标准就是国民收入，即一年内生产出来的用于消耗或投资的产品与服务的价值总和。"[①]他认为，只有国民收入才能准确地描述出社会整体经济情况。

---

① 在分析过程中，克拉克发现，苏联农村人口密度相对较大。他认为，苏联大部分经济问题都是由于人口短时间内快速增长导致的，苏联在短短十年间人口增长了25%。苏联的情况完全符合马尔萨斯的人口过剩理论。基于对苏联前三十年的经济增长情况的分析，克拉克对苏联的发展充满希望。苏联工业生产不断增长，吸收了农村多余的劳动力，人均收入也随之增加。克拉克说："马尔萨斯的魔鬼会被赶走"。

## 《经济进步的条件》

克拉克最著名的作品就是他 1940 年出版的《经济进步的条件》。受亚当·斯密所著《国富论》的启发，克拉克想要得出“让经济高速发展”应满足的条件。为此，他收集了所有能收集到的世界各国的国民收入数据，并进行分析对比。这是一项非常艰巨的任务，“在当时那个用计算尺和机械式加法机的年代里”，他做这些工作足足用了四年时间。

书的扉页上引用了培根的格言，克拉克借以重新拉近他与配第的距离：“由理论得来的定理不足以揭示自然界所有未知的新事物。自然的细腻程度远超理论所能达到的细腻程度。”

克拉克对于同时代的经济学家们非常不满，他曾批评道：“一百个人里面最多有一个人知道怎样才叫进行科学研究。科学研究应该建立在对所有可观察的事实进行系统分类的基础上展开，从事实中提出假设，再由事实来论证。”克拉克觉得，这些经济学家们空想地搞理论是“可笑，甚至是可悲的”。是威廉·配第让经济学成为了一门科学，而亚当·斯密却让经济学研究走错了方向。克拉克想要通过对政治算术创始人的追溯来纠正这一切。他认为，这才是真正对人类有用的：“每个时代只需要有两到三个理论经济学家就够了。只有拥有超越一切的理性力量的男性才能胜任。我们剩下的人都应该是脚踏实地的经济统计学者，一砖一瓦地构建有条理的知识体系。”

所以说，克拉克对于经济学在整个学科等级中的地位很清楚。尽管经济学在某些专业上起主导作用，但是经济学家们必须明白，经济学是下属于政治学的。政治体系决定社会经济管理状态。配第的政治算术理论也是建立在经济学应为政治服务的基本思想上的。

克拉克认为，经济就是在研究可供买卖的商品。根据庇古的理论，经济进步与收入提高意味着经济福利的改善。很明显，这个福利指标不能涵盖社会福利与个人幸福的所有方面，也不能赋予人生其他价值。进行国民收入的核算与对比至少是一个可以量化的有用指标。但是，这些数据事实上只有在进行历时的分析以及与其他国家进行对比时才有价值。在克拉克的年代，进行国家间国民收入对比还没有完全流行开来，他提出以上理由，就是希望能够推进国家间国民收入对比研究。①

为了能够进行不同国家间国民收入数据的对比，克拉克自创了一个新的分析方法。他根据购买力平价理论创造了一个国际货币单位，即国际单位（IU），这也是现在使用的购买力平价汇

① 肯德里克在其《国民收入核算的历史发展》一书（第 302 页）中写道，1884 年英国人迈克尔 · 乔治 · 马尔霍尔在其《统计学字典》一书中做过类似的对比，但是只包含 18 个国家。而且当时也有尝试提出以统一的货币单位作为基础进行分析以及进行人均收入的对比。

率（PPP）的前身。[①] 根据克拉克的定义，一个国际单位的价值是“1925 年至 1934 年在美国用 1 美元平均可购买的产品或服务的数量”。

克拉克的对比结果不容乐观。贫富差距比想象中巨大得多：“整个世界穷得可怜。”美国、英国、法国和德国四个国家的人口只占世界人口的 13%，却创造了全世界几乎一半的国民收入。美国与加拿大的国民收入是世界上最贫穷的国家的 14 倍。克拉克的结论是：“富足的时代离我们还很遥远。”

克拉克“惊异于”国家间贫富水平差距之大，实际上几乎没有人能预料到国家之间的差距会有如此之大。根据克拉克的划分标准，工作者（经济活动人口）年人均收入低于 200IU 为极度贫困，相比之下，美国的年人均收入为 1400IU。而世界上有超过一半的人口都属于极度贫困。在世界上大部分地方，生存都非常困难。也正是因为克拉克的数据所展示出来的可怕景象，催生了几年后发展援助的出现。

另外，克拉克通过分析得出，一个国家的就业结构会随着经济发展从农业向制造业并最终向服务业转移。根据国民收入的主

① 现在，不同国家间人均收入及 GDP 对比大部分是根据 PPP 汇率进行的，此汇率通过国际一揽子商品价格对比计算得出。通过 PPP 汇率可以进行直接的国家间对比，从而得到不同国家的经济表现状况。

要来源产业可以推断出这个国家正处于经济发展的哪个阶段。配第将这个动态的三次产业结构模型称为配第定理，因为配第在其《政治算术》中就曾提出过类似的发展模型。

根据此理论，随着劳动者从第一产业向其他产业转移，人均收入会有所增加。那么马尔萨斯人口理论中所描述的长期贫困（许多人将在生存线上挣扎）也就不会到来。克拉克认为，对各国来讲最大的挑战在于提高产能。在他看来，经济发展的标志就是第二产业与第三产业的产量不断增加，以及产品与服务产量不断提高。这样的经济增长才是通向富裕、结束贫穷最稳妥的道路，这与古典经济学者们之前通过理论分析得出的结论相同。

尽管克拉克在书中提出了方法论上的创新并得出了前所未有的结论，但这也并没有给他带来应有的荣耀。一部分原因是他超过 700 页的书里充满了各种统计学数据。克拉克的一贯做法是让数据说明一切，但是人们却认为，他的分析没有建立在一个有力的理论之上，而且他也没有提出自己的理论。从批评者的角度来看，克拉克混淆了数据的量与质。对此，安格斯·麦迪森曾说："科林·克拉克是一名独行侠，他是个很有想法的人，在《经济进步的条件》一书中对海量的数据进行了处理。他向读者们展示了大量的第一手数据，但这些数据对于分析的重要性并未得到明晰的阐述。他用了上百个图表，但在书的前两版里这些表格都没有编号，还有很多连标题都没有，国家也没有按照字母顺序排序……他的引用出处也经常不完整，要么没有数据，要么没有标题。这都不符合他原来奉行的国民收入核算的标准……他著作中各种类型的不规范以及难以理解的内容，都是导致在讨论国民收入核算史时他的价值常常被低估的原因……如果他当时更专注于某些特定领域，在处理这些不同的主题上更耐心一点，他的影响会更大。”

## 国民收入核算对英国政策的影响

直到 1940 年，世界上都几乎没有进行过国民总收入的核算。经济统计是有的，但是这些统计数据既没有互相关联，也没有互相配合，大部分都是无计划进行的。

尽管克拉克的很多著述强调进行国民收入核算的重要性，但英国政府最初也认为没有必要进行国民收入核算，在制定政策时也不会考虑到国民收入情况。克拉克一直都是一个“在荒野中呼唤的声音”。这不仅仅是因为他离开了英国，更为关键的是英国经济学家们一直以来对于实践研究都不感兴趣。比如凯恩斯，尽管他认为克拉克的研究很有潜力，但他对克拉克的统计研究的态度却是非常具有批判性的，直到第二次世界大战开始前，他都没有向英国政府证明进行国民收入核算的重要性与必要性。

凯恩斯在他的《通论》（1936 年）中说，进行国民收入核算唯一的用处就是“满足历史的好奇”。当时，他并不知道进行国民收入核算在政治上或者在分析结果上有何意义。莱昂内尔·罗宾斯从其他角度出发也认为国民收入核算没有意义。他认为，进行国民收入核算仅仅是出于一种传统意义，并没有反映现实状况，只是一个基于自定的概念与随意的假设中算出的结果。统计虽然不是无用之功，但是要了解统计形成的来龙去脉，不可将统计结果与现实相混淆。

第二次世界大战爆发后，凯恩斯的态度发生了巨大转折，他意识到了持续观察反映经济状况的最新数据的必要性。第二次世界大战成为了“国民经济核算的诞生时点”，也带来了一场“统计学的革命”。

随着第二次世界大战爆发，凯恩斯认为必须要为政府提供一个计算基础，从而让政府能够对可供战争使用的物资进行核算。也就是说，他需要对国家实际的税基进行估算。税收能够为国家带来多少收入呢？1940 年，他出版了《如何筹措战费》一书，书中对他的财政动员计划做了详细介绍，即通过增税和强制储蓄来为战争融资。自愿捐款无法满足战费的需要，筹措战费需要通过冻结社会福利以及促进消费支出的方法进行。同时，还要防止通货膨胀的发生。

凯恩斯需要知道，去掉战争支出后留给人民消费的蛋糕还有多大。因此他需要估计潜在的工业产出，即利用所有现有资源能够达到的最大产出。这就意味着，国家应该起中心作用，这也是凯恩斯革命性的理论中最独特的内容。因此，从进行国民收入核算的立场上看，凯恩斯与科林·克拉克有本质上的不同。克拉克的算法里不关注政府的支出，对他而言，政府支出不是最终产品。但对凯恩斯来说，战时的政府支出是重要的经济政策工具。在《如何筹措战费》一书中，他提出了一个新的国民收入的定义，即在个人消费与投资之外，还需要考虑政府支出。凯恩斯将这一核算结果命名为应税所得。

在《通论》的第二卷中就有关于国民收入的概念以及几个相关的宏观经济学计算等式：

$$\text{收入} = \text{产出额} = \text{消费} + \text{投资}$$
$$\text{储蓄} = \text{收入} - \text{消费}$$

所以

$$\text{储蓄} = \text{投资}$$

凯恩斯清楚，具有内在一致性且外部协调性的会计系统可以用来进行重要的经济学核算，能够从实践的角度有力地支撑他的理论，并有助于将他对经济运行模式的阐述建立成一个学科标准。也正因如此，他专注于调整国民收入核算方法，好让它为自己的理论做支撑。

基于自己的想法，凯恩斯与同事埃尔文 · 罗特巴特一起进行了国民收入的估算。罗特巴特是德国人，毕业于伦敦经济学院经济学系，在剑桥大学做助理研究员。在对国民收入核算进行重新调整方面，他与凯恩斯的观点完全一致，凯恩斯也完全信任罗特巴特。1940 年，他因德国国籍属于敌侨而被英国政府短暂拘留。当年夏天，他主动请缨参军抗德并于 1944 年阵亡。

早在 1939 年，凯恩斯就与罗特巴特一起在《经济学杂志》上发表了一篇论文，批判性地分析了克拉克的国民收入核算方法，并解释了未来经济政策的重点应放在税收相关的收入上，而不是放在私营部分可供支配的收入上的原因。因为这部分收入是由生产的产品与服务带来的，政府支出亦属于其范畴。另外，凯恩斯认为，克拉克的核算方法不够实用而且其统计方法不够完善："现在，无论政府内外，所有人的核算过程都主要依赖于克拉克个人杰出的研究……但是由于缺少数据……克拉克自己也常常只能给出估算的结果。"凯恩斯认为，他的改进办法能够弥补克拉克的不足。

凯恩斯认为，应当首先让英国政府明确进行国民经济核算的重要性。他在《如何筹措战费》中写道："第一次世界大战结束后，所有的政府都变得不重视科研，隐瞒数据，而且认为进行这些数据收集全是在浪费钱。”除他之外，还有另一位经济学家奥斯汀·罗宾逊也致力于改变这种现状。罗宾逊是英国战时内阁顾问，后来成为剑桥大学教授，与凯恩斯同为《经济学杂志》出版人。《如何筹措战费》一书出版后，罗宾逊在内阁中极力推行用凯恩斯的新核算方法进行国民收入估算，为战争做准备。为此，财政部聘用了两位新员工负责相关工作：一位是詹姆斯·米德，另一位是理查德·斯通。

理查德·斯通（1913—1991 年）是克拉克的学生，在克拉克离开英国后，进一步发展了他导师的核算方法。詹姆斯·米德（1907—1995 年）曾参与国际联盟收入统计工作，虽然其本质上只是提供资讯而已。米德非常熟悉凯恩斯的理论，但斯通一开始还是受他的导师克拉克的影响更多。但是斯通却是为数不多的读过西蒙·库兹涅茨的著作并且了解美国国民收入核算方法的几人之一。在财政部里，米德与斯通的办公室离凯恩斯的办公室只有几步之遥（凯恩斯此时作为顾问也供职于财政部）。凯恩斯时刻监督二人的工作，每进行一步都要与二人进行仔细协调。

米德和斯通的任务是将克拉克的理论与观点系统化，并负责提出一个国际适用的国民经济核算方法框架，使其与国民经济核算体系能够长期得以贯彻实施。斯通后来因此获封爵士称号，并于 1984 年获得诺贝尔经济学奖。但是真正积极投身于贯彻国民收入核算方法的是凯恩斯，这一核算方法与他在《通论》中曾描述过的短期经济发展内在逻辑相一致，紧接着他又将自己的学生安置到重要的政府部门工作。

由于凯恩斯于 1946 年逝世，米德与斯通的国民账户体系在几年后才得以普遍实施，所以凯恩斯在国民收入概念以及核算方法上的个人直接影响力常常被低估。但国民经济核算体系恐怕应构成凯恩斯最伟大也是影响最广泛的成就。

1941 年 4 月，米德与斯通准时向英国政府预算会议提交了《1938 年及 1940 年战争资金来源的分析以及对国家收入与支出的估算》白皮书。像克拉克及配第那样，书中的数据不仅仅是经济交易数据的简单罗列，而是进行分析与估算之后的结果。书中有些数据只能作为余值进行计算，这就会带来许多不可靠因素，而对于一个政府机构来说，官方出版这样的核算结果是具有政治风险的，在历史上也是从未有过的。要感谢凯恩斯施加的压力以及他个人的名望，才让这些对核算方法的怀疑之声没有影响政府接受核算结果。

米德与斯通的著作标志着单一的国民收入统计向连续且独立的国民经济核算的转变。克拉克为这一转变奠定了基础。但他缺少的是一个坚实牢固的账户体系，能够将克拉克研究的不同领域联结起来。米德和斯通以凯恩斯与罗特巴特的定义为基础，构建了这样一个账户体系。

不同账户间的有机结合是现代国民经济核算方法的核心。这个账户体系应能体现出最关键的信息，同时能够允许“统计学交叉检验的最大值”：计算结果可以通过横向参考在不同的计算层面以及账户间进行检验。米德和斯通保留了克拉克国民收入的三种核算方法：收入分配法、生产法以及支出法，按三种方法分别计算，其结果应一致。这是米德和斯通的定义上的前提。

白皮书出版后，米德和斯通将他们的观点发表在《经济学杂志》上。通过文章标题《国民收入、支出、储蓄以及投资表格的构建》就可以看出他们想要表达什么：通过他们的账户及核算体系可以进行国民收入、支出、储蓄收益以及投资的核算，且其核算方法牢靠，核算结果易理解且有说服力。

他们的核算方法与同时期美国的国民收入核算方法的一个主要的不同在于，他们还估测了要素成本。从市场价格中减掉间接税再加上国家补助后即可得到要素成本。要素成本与通过生产要素（如劳动）得到的工资收入数额相同。在关注要素成本这一点上，对于理解生产力起到很大作用。凯恩斯认为，估测要素成本能够更准确地反映经济形势，只依靠市场价格太带有诱导性。另外，与以前的理论不同的是，凯恩斯理论的主要注意力都放在各项决定市场需求及商品市场的要素上。观察要素成本的重点就是关注市场需求。

米德与斯通的体系满足了两项不同的核算要求：其一是更精确、更易理解地反映经济过程与经济关联；其二则是希望他们的核算体系能够在世界范围内获得广泛认可，以使国家间国民经济核算的对比成为可能。

米德和斯通深知他们的研究的特殊性。他们不仅是想要在政治上施行他们的核算方法，而且还想要推广他们对经济过程的理解方式。白皮书出版后，斯通写道："这是伟大的一天。我们晚上在一起喝香槟，感觉像是我们完成了一次壮举。"

白皮书出版后，进行国民收入核算的重任交由新成立的中央统计局（CSO）完成，理查德·斯通任局长，这也是凯恩斯的安排。

从这一刻起，英国经济功能之间的相互作用终于得以精确呈现。一旦缺少相关信息，战时生产计划的制订就根本不可能实现。CSO 每季度公布一次经济公报，其中包括劳动者的工作状况，军工的扩张是否限制了其他重要经济领域的发展以及商品库存的情况。这样，政府就可以知道经济的总体运作情况如何。而在以前的政府规划部门中，比如负责飞机生产的规划部门，连每年英国可以生产多少螺旋桨都不知道。

凯恩斯的理论为国民收入核算奠定了前所未有的理论基础。以前的国民收入核算都是实践研究的结果，没有理论的上层建筑，只能是跛足前行。凯恩斯的理论不仅使国民收入核算变得重要，而且赋予了其他相关的经济核算更突出的意义，尤其是在国民收入形成过程中起关键作用的投资、国民收入自身以及作为重要的国家行为的那部分国家支出。

从克拉克与配第的角度来说，米德与斯通的国民经济核算是最佳的政治算术。但在这一核算体系中，国民收入自身或其增长率都不具有决定性的作用，不存在与所有因素都相关的数值。通过这一账户体系更多的是能够得到一个关于经济情况的总体印象，虽然这个总体印象只是通过几个计算得到的数字总结出来的。在国民收入这一概念下，政策的关注点主要在于收入（计税基准），较少关注生产。在这一体系及其核算逻辑下，不存在唯一一个最具力量的数字。但在美国，国民收入核算的发展却是另一番景象。

# 04 美国：西蒙·库兹涅茨与国民生产总值

## 实证经验主义与严谨

在美国，政府自己主动地意识到了进行国民收入核算的必要性。这其中最关键的人物是西蒙·库兹涅茨。他的研究加速了政治算术的发展，但后来他却与负责进行国民收入核算的政府机构闹翻了。但是西蒙·库兹涅茨的失败却让国民生产总值的概念在美国真正得以贯彻。正是因为库兹涅茨的观点最终没有得到政治支持，才让国民收入核算成功地过渡到了国民生产总值核算。

库兹涅茨于 1971 年获得了诺贝尔经济学奖，但是他却不像理查德·斯通因对国民收入核算做出了贡献而获得该奖项，而是因他对经济增长现象所做的贡献性研究。库兹涅茨的特长是针对不平等的研究。他最著名的文章是 1955 年发表的《经济增长与收入不平等》，文中他研究了在经济增长过程中收入不平等的现象是如何发展的。他对英国、美国以及德国的历史数据进行分析后发现，随着经济不断增长，收入不平等先是扩大而后又会缩小。库兹涅茨想知道，这一现象在发展中国家是否也适用，因为自 20 世纪 50 年代起，发展中国家的经济政策都是致力于推进经济的增长。库兹涅茨将他的发现结果用图像的形式表现了出来，即库兹涅茨曲线。在经济学领域，库兹涅茨曲线可以说是一条铁律，诱使着研究者们不断去证实。

库兹涅茨的研究特点是他始终以实践为导向。这也是为什么他被称为“20 世纪经济经验主义者的标杆”。库兹涅茨同科林・克拉克一样，都认为数据的调查与准确分析是最重要的。只有在此基础上才能确定并说明针对观察对象的理论基础是什么。

西蒙・库兹涅茨 1901 年出生在沙皇统治下的平斯克，他的父亲是一位皮衣加工工人。第一次世界大战期间，库兹涅茨全家逃往乌克兰的哈尔科夫，库兹涅茨在那里读完高中，进入大学，开始了经济学的学习。在当时，俄罗斯的统计学在世界范围内处于领先水平，俄罗斯的经济学比其他国家更重视实践。在俄罗斯内战的烽火中，大学被迫关闭，库兹涅茨接受布尔什维克的委托，受命成为劳动统计局部门领导。之后不久，库兹涅茨一家就移居美国，库兹涅茨进入美国哥伦比亚大学学习。

当时的美国正处于经验性社会研究的巅峰时期。因为人们越来越相信，社会科学可以建立在经验与科学的基础上，用以解决当时美国紧张的政治与社会问题。越来越多的慈善基金会开始为经验性研究提供资助。早在 1916 年，罗伯特・布鲁金斯就创立了美国政府研究所（IGR），并于 1927 年发展成为布鲁金斯学会。1920 年美国国家经济研究局（NBER）在纽约成立，1923 年美国社会科学研究理事会成立。人们希望科学研究能够不受意识形态先入为主的影响，并希望以此推进建立在经验基础上的基础性研究，这些研究对政治行为的开展意义重大，并且能够改善社会环境。自 1929 年起，库兹涅茨在国家经济研究局工作，该局主要进行经济周期相关理论的研究。

库兹涅茨一开始主要研究由苏联经济学家尼古拉·康德拉捷夫提出的经济发展长周期理论，并对美国的历史经济周期进行了分析。他得出了令人震惊的结论：康德拉捷夫提出的长周期根本不存在。

他的研究不仅为自己赢得了实证经验主义者的美誉，而且还证明了自己是一名擅长处理数据的研究者，这一点对于进行国民收入以及国民产值分析来说非常重要。因此 20 世纪 30 年代初，当大家需要一名国民收入核算专家时，就找到了在国家经济研究局工作的库兹涅茨。库兹涅茨一直与经济研究局保持联系到 20 世纪 50 年代。

1930 年，库兹涅茨被聘请到美国宾夕法尼亚大学任教，一直工作到 1954 年。之后他又在约翰·霍普金斯大学任教直至 1960 年。从 1960 年至 1971 年，他在哈佛大学任教。他的学生中不仅有米尔顿·吉尔伯特（后面会说到他），还有著名的米尔顿·弗里德曼，弗里德曼的实证性研究后来对于改变凯恩斯主导经济学的状态起到很大作用。

库兹涅茨关于国民收入的理念可以从他的一系列文章中看出，如 1934 年的《国民收入（1929—1932）》、1937 年的《国民收入与资本形成（1919—1935）》、1941 年的《国民收入及其构成》，1944 年的《国民产值、战争以及战前》以及 1945 年的《战争时期的国民产值》。其中最重要的一项是 1933 年库兹涅茨在《社会学研究百科全书》中对于国民收入这一条目所做的解释。在很长一段时间内，美国国民收入核算方法论的讨论都受到这个词条以及受政府委托出版的《国民收入（1929—1932）》的影响。两篇文章都成为了经济学的必读书目。后来，政府层面的国民收入核算工作由商务部接管进行，但其核算方法后来渐渐远离库兹涅茨的核算方法，向英国的核算体系靠近。

1942 年库兹涅茨加入了美国战时生产委员会，这个委员会由罗斯福总统成立并负责管理军备生产以及相关的资源供应，主要是对军备物资的生产进行统一规划。战时生产委员会要对国民经济的不同领域进行细致的分析，其中最主要的工作就是进行国民收入核算。

第二次世界大战结束后不久，库兹涅茨曾尝试为当时的中国国民党政府制定一套国民经济核算体系。在这之后，他便彻底停止了对国民收入的研究，转而开始研究影响经济增长的因素。像科林·克拉克一样，库兹涅茨将经济增长同人口增长结合起来进行研究。他在多篇文章中都曾论证，由于人口增长，技术变革会加快，因此它会带来产出的提高。像科林·克拉克一样，库兹涅茨也同样认为，世界人口增长不会导致生活水平的下降。

库兹涅茨是影响 20 世纪美国经济学界的一代学者之一，这一代学者经历过极端的政治动荡，也常常由于其宗教信仰而遭受迫害。他们在少年时代都接受过全面、良好的教育，年轻的时候都曾在不同的文化、语言与政治环境中经历过社会的动荡不安，也都因为曾经的极权主义经历对解释世界的简单化做法持有怀疑态度。他们不会让自己被某次社会运动所利用，而是保有他们对事件的多角度思考以及审视整个历史背景的观察视角。①

库兹涅茨的著述对于数据的质量有极高的敏感度，他反对对统计结果稍加观察就仓促地得出规律性结论。在《经济增长与收入不平等》一文中，他认为，在进行社会经济学的分析时，除了要从经济学以及经验的视角进行分析，还需要研究政治框架条件："我们不可避免地要研究这些已经不属于经济学范畴内的领域了。"世人将经济增长与收入不平等之间的复杂关系常常简化为库兹涅茨曲线，但库兹涅茨认为，经济学不应只研究市场过程，还应该

① 在这一代学者中，除了有库兹涅茨，还有比如亚历山大·格申克龙、阿尔伯特·赫希曼以及约瑟夫·熊彼特等经济学家。

包括政治经济学及社会经济学。

但这种观点的缺点是，它并不适宜建立简单抽象的模型，也无法给出可以指导短期政治活动的明确的技术专家政治主义的概念或关键词。库兹涅茨对于国民收入的论述也体现了这一点。他对于经验性研究以及经济学的观点让他无法给出实用的国民收入核算方法，因为这不符合他自身的初衷。与克拉克不同的是，库兹涅茨并不想要建立一个能为国家出谋划策的体系。直到库兹涅茨的学生们找到了他的理论与政策制定的契合点，国民收入以及国民生产总值才真正变成了在政治上有影响力的数字。他的学生们抛弃了库兹涅茨始终抱有的怀疑态度，也不再关心他的理论的复杂性。

尽管库兹涅茨在学术上享有很高的声望，但他在自己的研究领域上却经常被忽视。1995 年，维巴・卡普里阿・弗曼及马克・佩尔曼在他们写的有关库兹涅茨的传记中说，经济学家中有很多人“根本不了解”库兹涅茨和他的研究，而且这个情况在库兹涅茨在世的时候就是这样。在普林斯顿大学为库兹涅茨颁发荣誉博士学位前不久，他遇到了著名经济学家雅各布・维纳，当维纳得知库兹涅茨马上要获得荣誉博士学位时，他惊讶地问道：“西蒙，这学位为什么颁授给你？”

## 国民收入与大萧条

19 世纪 20 年代，美国已开始由国家经济研究局负责核算国民收入情况。1921 到 1922 年，国家经济研究局发表了对 1909—1919 年间的国民收入核算情况。1926 年的国民收入情况是由联邦贸易委员会负责核算，在这之后，因政府削减了继续进行统计工作的开支，核算工作暂停了一段时间。无论在美国还是在世界其他国家，在公众视野以及政治辩论中，国民收入这个概念都没有受到重视。

1931 年，美国的经济环境非常糟糕。经济大萧条已经持续了两年。四分之一的美国人因失业而沦落街头，大部分工作都是兼职或者短时工。银行系统受到巨大冲击，通货紧缩使经济增长戛然而止，个人消费水平的下降导致大量企业破产倒闭。当时美国四分之一的人口从事于农业领域，而农业领域的收入下降了一半。但是，却没有人知道从 1929 年以来国家经济到底发生了什么以及未来前景如何。即使在美国也没有关于整个经济状况的可靠数据。当时的数据主要都是关于几年前的经济情况，无法用来研判最新的经济形势。几位政治家认为有必要采取行动了。

在来自威斯康星州的参议员小罗伯特·拉福莱特的呼吁下，参议院成立了调查委员会，旨在调查当时的社会情况。委员会邀请了来自铁路、汽车以及钢铁行业的高层代表，各银行与大学的代表以及其他领域专家，其中还有商务部研究院的院长弗雷德里克·杜赫斯特。杜赫斯特用一种令人印象深刻的方式描述了当时可悲的统计结果。尽管商务部的调查报告里列出了几千个关于商品、工业领域、生产以及贸易的表格和指数，但却没有任何一点关于收入提高或者个人消费支出的数据，同样也没有关于储蓄、投资或者生活费用以及价格提高的信息。但是杜赫斯特同时也确信，这些缺少的数据是可以获得的，并且可以用一种连贯、完整的体系对这些数据进行评估。这引起了委员会的兴趣：

> 谢泼德参议员："我想问，知道经济的总体情况有意义吗？这个总体情况会对政府和人民有利吗？"
>
> 杜赫斯特："我认为这是非常有意义的。请允许我补充一句，统计学家总是执着于获得更多的统计数据，他们永不满足，有时为数据而收集数据。但在商务部里，我们每天都收到众多询问，而因为没有相应数据我们根本无法作答，这让我震惊。我们必须承认，很多数据我们不知道，而且据我所知，别人也不知道。"

紧接着，1932年6月，参议院向国会提交《第220号决议〈国民收入估算及其分布〉》(以下简称《决议》)，该《决议》中将国民收入核算列为政府工作内容之一。商务部首先负责进行1929年至1931年的国民收入核算工作。此外还需核算出，不同产业对于国民收入的贡献量有多少，以及国民收入的主要组成部分有哪些（如工资、薪金、分红和退休金等）。

在卡尔森关于美国国民经济核算史的文章中，她认为，当时的政府没有意识到进行国民经济核算的意义，所以这项《决议》也没有看上去的那么具有革命性。被她所忽视的一点是，美国的 GDP 核算发展史在世界范围内是前所未有的：美国是唯一一个首先由议会（即美国国会）提出进行国民收入核算的国家，而且国会不仅意识到了进行国民经济核算的政治意义，还试图控制所收集的数据的类型以及形式。

杜赫斯特离开商务部后，由于商务部里除了杜赫斯特没有别人能够进行国民收入核算，因此商务部就向国家经济研究局寻求帮助。在这之前，在国家经济研究局里是由威尔福德·金负责进行国民收入核算的。但局领导认为他的核算方法有问题，因为他在核算时还加入了家务服务的成分。库兹涅茨受托对金的核算方法进行核查。当时库兹涅茨为《社会学研究百科全书》所写的关于国民收入的条目已经写好，亟待出版，他在条目的解释中列出了自己关于国民收入的定义。这篇未出版的文章在华盛顿广为流传，拉福莱特的助手也因此注意到了库兹涅茨。

库兹涅茨受商务部委托进行 1929 年至 1931 年国民收入核算的处理工作。部里为他安排了两位助理，这两人都毕业于宾夕法尼亚大学，其中一人就是米尔顿·吉尔伯特。吉尔伯特自 1941 年起负责国民收入核算项目，后来成为了库兹涅茨最严厉的批评者之一。

## 《社会学研究百科全书》中的国民收入（1933 年）

在库兹涅茨还没有以其国民收入的研究而成名的时候，他就能受托编写《社会学研究百科全书》中的条目，得益于他的兄弟萨洛蒙·库兹涅茨。萨洛蒙·库兹涅茨是《社会学研究百科全书》出版人的几个最亲密的助手之一，因此他就把这个机会给了自己的兄弟。无论从方法论还是从理论的角度，库兹涅茨的文章都是那个时候最为全面的解释。这个条目解释不同于其他的专业文章，它不针对专业人士，表述通俗易懂，专业性词汇少，库兹涅茨也得以将他的观点广为传播。

对库兹涅茨来说，进行国民收入这一复杂的核算过程时，不仅仅要计算收入（可以通过消费进行计算）、收入分配以及生产价值，还有第四类需要考虑的内容，即感官享受收入，这是经济循环中的每个人同时作为生产者和消费者都拥有的收入。这样一来，库兹涅茨就为国民收入的概念又添加了一个主观因素：由于个人经济活动而产生的满足感。但是这种感觉却无法量化，所以在进行国民收入核算时，还是要关注收入及消费这两大硬指标。

库兹涅茨认为，国民收入看起来可以对经济状况进行客观的总结分析。它可以作为一个生产力的指数，用以与其他国家的生产率进行对比。人均国民收入则可以作为一个国家经济福利水平的指标，如果有足够的数据，还可以用来进行历时的发展情况研究，或者评判国家富裕水平是否有所改善以及社会特定群体收入分配情况。但库兹涅茨在这里有意识地用了“看起来”三个字。他想借此警告人们，不要高估了国民收入核算的潜力：“看起来好像这些统计数字在各个方面都非常有用。看起来这些数字测量以及对比的是某些界定明确且重要的内容，但是如果仔细观察就会发现，这些‘看起来’全都是假的。”对库兹涅茨来说，向人们指出国民收入核算所存在的问题非常重要。作为国民收入核算之父，库兹涅茨希望人们不要误解核算的意义，人们需要意识到，在什么可以被测算以及什么应该被测算之间存在着“区别”。国民收入核算对库兹涅茨来说只是某个时刻核算出来的一个数字，不能用来代替深入的分析。

库兹涅茨认为，经济体制的意义与目的在于为一国人民提供商品与服务。当个人在经济循环中获得收入时，就是进行国民收入核算的关键时刻。库兹涅茨的核算概念十分清晰而且切合实际：国民收入这一概念是从个人实际获得的收入出发，而不是考虑生产总值。但是，即使有这样一个确定的概念，对库兹涅茨来说也不能解决所有的问题。一方面，没有用现金进行结算的那部分国民收入很难统计；另一方面，由于收入有不同的动机，因此收入这个概念本身也模棱两可。例如，个人需要获得收入可能是因为要养家糊口或者是要保证生活质量，而企业则是因为需要盈利。

出于以上考虑，库兹涅茨区分了什么可以被纳入国民收入核算范畴，而什么不可以：国民收入包括所获得的工资、薪金、退休金、利息和红利等。用于个人消费且无须支付的商品或服务（如无须支付的家务服务）的价值在进行国民收入核算时不予考虑，尽管这部分价值也被个人直接利用，但它们只有实用意义，在这里有必要区分经济活动以及个体的私人生活方式。这种区分在国与国之间是不同的，而且随着时间的推移会发生变化。如果要对一个国家不同时间或者对不同国家的国民收入情况进行对比，其结果很容易产生误解。在不同国家之间，如果收入分配情况不同，也无法进行比较。而且对于如何统计未在自由竞争市场上发生的公共支出，以及究竟应该计算商品价值的总值还是净值，都没有客观的评价标准。如果对较短时间进行统计，由于资本消耗难以估测，则计算总值比较准确。

对于库兹涅茨来说，将国民收入理解为具体的各项收入的整体而不是抽象的总额非常重要，这也可以从他的算法中看出来，他不是对收入进行简单的加和计算。他认为，收入分配与国民收入核算是分不开的。他的统计中有一半都是关于收入分配方面的内容。因为个人福利与个人可支配收入的高低有关，因此在进行国民收入核算时就要考虑收入分配的因素。只有将二者结合才能准确地判断一国福利水平如何。

相应地，国民收入的核算与社会关于经济活动的理解有关。经济活动的不同定义与理解都建立在社会预先对其产生的理解上。

因此，相关的社会组织机构就会影响国民收入如何进行核算以及应该核算什么内容。国民收入这一概念在不同的社会背景下有着不同的内涵。

对于将家庭作为经济单位这一点，在不同国家情况也不同。[①]现代西方国家认为，家庭对经济生产的贡献量可忽略不计（即使是出于个人需要），而在其他国家，家庭仍然是经济结构中极为关键的一部分。家庭以及家庭生产的经济地位不仅会随着时间而变化（如欧洲），在一个国家的不同地区之间也各不相同。因此，核算方法应做到因地制宜。在世界范围内普适性的国民收入核算方法是绝对不存在的。

## 1934 年的正式统计

1934 年，库兹涅茨的核算结果以参议院出版物的形式面世，标题是《国民收入（1929—1932）》。书中从收入侧对国民经济的总体活动进行了描述。统计结果刻画了一副非常糟糕的景象。国民收入下降了一半，生产收入下降了 70%，农业生产收入下降了 80%，只有公共部门收入有所增长。雇用劳动者的损失比受薪雇员要惨重。

① 在这里，库兹涅茨很可能是受到苏联农业统计学家亚历山大·恰亚诺夫的影响，恰亚诺夫早在 20 世纪初就将农民家庭的工作与生活方式定义为家庭经济并分析了其经济合理性。

除了这些一目了然的数字，文中也明确警告，不应过度相信这些数字。库兹涅茨不断强调，不同的定义会带来不同的结果。这同样也适用于数据的统计方法，因为通过这种统计方法会从国民收入中获得同市场相关的情况，这种统计方法也赋予了市场价格以关键作用。如果没有对分配情况的准确分析，就无法得出与经济福利相关的有说服力的信息。库兹涅茨最严谨的地方体现在，他在书中给出了一个提示，即所有的数据信息都不能用来反映经济福利情况。

库兹涅茨应该很清楚，在他的统计数据中隐含着怎样的危险成分以及政治风险。他警告道：

> 人类的精神财富本身具有一种能够把复杂的情况简化成一种简洁紧凑的描述的能力，而如果这个简化过程没有用清晰准确的规则来规范它的话，就会非常危险。尤其是在进行量化评估时，结果的确定性会诱使人们在对核算目标进行统计分析时追求精确性与简单性。进行国民收入核算时，常常会受到这种观念以及由此带来的错误操作的影响，尤其是在两个对立的社会阶级产生冲突时，如果冲突的中心涉及国民核算，而某个观点刚好需要建立在它被简化后的基础上时，更容易受到影响。

库兹涅茨用过两个与国民核算相关的定义：一个是国民收入生产额，另一个是国民收入支付额。两个定义的区别在于，国民收入生产额包括企业的存款（比如企业盈利与支出之间的差额，其中，企业支出包括工资、薪金、红利以及利息支付，等等）。国民收入支付额则仅关注流入生产要素的那部分收入。所以，国民收入生产额的核算范围更广，因为其核算过程还考虑了没有支出的收益。

国民收入生产额与生产中的商品与服务的价值再扣除折旧费后相同，也等同于市场价格下的国民生产净总值。国民收入生产额还可以被看作可供消费与投资使用的收入。在 20 世纪 30 年代，这个定义被简化成了国民产值。

在库兹涅茨所统计的 1929 年至 1932 年间，企业的储蓄收益自 1930 年起就一直是负增长。因为支出高于收入，企业必须动用其资金储备及准备金或者举债，才能继续生产。这样一来，国民收入支付额就会高于国民收入生产额。

核算完成后，库兹涅茨及其同事们开始进行更早时期的国民收入核算，希望通过更准确的数据来更好地了解美国国民经济的发展史。1937 年，《国民收入与资本形成（1919—1935）》出版。书中也进行了一些相关概念的讨论，库兹涅茨将他所使用的概念与其他核算模式进行了对比。

对库兹涅茨来说，他的国民收入核算与市场经济紧密地结合在一起，或者说至少是和经济体制紧密结合在一起（经济体制在现代“经济发达国家”的叫法是市场经济）。只要这个市场是一个存在生产者与消费者的地方，那么国民收入就是在核算市场上发生的经济活动的净产值，市场之外的经济活动不予考虑。

## 政治上的首次成功

美国商务部希望，在 1934 年库兹涅茨完成他的核算工作后，仍然能够从政府层面继续定期进行国民收入核算工作，因为政府机构更容易获取到核算所需有关数据。经过商务部不断努力，从 1934 年开始，商务部每年都会进行国民收入核算。但是却缺少进行核算的专业人员，所以在开始的几年里，其核算结果不够及时，核算领域也没有一开始所希望的那么广。

由于在世界经济危机后国家福利系统向穷人划拨的款项也被纳入收入统计核算中，所以统计结果不仅能说明经济问题，从社会政策角度来看也很有意义。政府社会福利机构可以从核算结果中回顾过去的工作情况。

越来越多的政府部门与公众开始关注官方国民收入数据。1933 年起，罗斯福政府实行新政，在其国内政策中，有计划地进行公共投资一项极具争议，而正是库兹涅茨的报告中国民收入下降了 50% 这一数据，为这一政策的提出提供了基础。由于从一开始，政府就认为国民收入统计非常重要，因此，国民收入核算很早就在政治辩论中占有非常重要的位置。很快，通过国民收入核算来判断经济是否进步的观点开始得到认同。

到了 1936 年美国总统大选时，国民收入核算的观点早已深入人心，在任总统罗斯福在竞选演说时就将过去四年国民收入持续上升作为他经济政策成功的证明。1938 年罗斯福又在他的预算演说中提道："我们必须重新走上一条追求国民收入长期稳定不断增长的道路。"从这一年开始，政府每个月都会进行国民收入核算，用以判断当前的经济状况。如此一来，国民收入情况也可以临时用作反映宏观经济现象的指标了。

## 凯恩斯与国民生产总值的胜利

由政府授权商务部进行的官方国民收入核算是根据库兹涅茨的统计方法进行核算的，与凯恩斯的理论体系无关。美国也没有类似于米德和斯通的账户系统。但是渐渐地，同样是从政府领域开始慢慢出现了批评这一核算方法的声音。一方面，有多位著名的凯恩斯主义的政治家与科学家提出，美国商务部给出的核算结果无法满足他们对于重要的经济统计数据的需求；另一方面，政府中凯恩斯主义的追随者们开始越来越多地关注国民生产总值这一新的概念。

早在 1934 年，就职于布鲁金斯学会的克拉克·沃伯顿就在一个名为《与经济进步相关的财富与收入分配》的项目中，尝试对所有最终产品与服务的价值进行核算，并首次将其命名为国民生产总值。他的核算中所包括的因素比库兹涅茨等人多得多。另外，沃伯顿在核算中还纳入了政府支出。随后，1937 年，库兹涅茨在他的《国民收入与资本形成（1919—1935）》中也使用了国民生产总值这一概念，但并没有赋予过多关注。

同一时刻，凯恩斯的理论开始在美国慢慢传播开来。一组来自哈佛大学的经济学家成功地向政府证明了进行主动的经济治理的必要性。他们认为，应该改变国民收入的统计方法，使其能够帮助确定进行必要的公共基础设施建设的范围。1940 年，国防顾问委员会在内部从生产侧对国民生产总值进行了核算，他们希望能够分析出提高国防支出给经济发展带来的影响。

对库兹涅茨来说，国民收入核算的重点在于个体。在进行政府划拨款项的核算时才考虑政府的作用。在《社会学研究百科全书》中的国民收入的条目下，也没有对政府的角色进行分析。库兹涅茨的研究中心是国民收入支付额，即可供私人家庭支配的收入。在进行国民收入核算时，从理论上来说需要扣掉一部分支出，这部分支出反映的是我们“经济文明”的支出，比如军备、基础设施以及交通。这部分支出是一种必要之恶，可以看作一种无法供最终消费者消费使用的中间产品。科林·克拉克以及西蒙·库兹涅茨对于政府行为的分析是类似的。

从这个视角来看，军备生产的提高会导致国民收入减少。美国参战前，美国物价管理和民用供应办公室（OPACS）曾强烈呼吁提高军备生产，但一开始并没有得到重视，就是因为人们认为政府支出提高会对国民收入带来上述的负面影响。

在贯彻凯恩斯主义的过程中，物价管理和民用供应办公室起到了很大的作用。物价办公室负责为战争调动资源，因此他们需要对个人消费、个人及政府投资以及政府支出进行核算，这些核算在凯恩斯的核算体系中都非常重要。办公室的国防经济中心负责人理查德·吉尔伯特是米尔顿·吉尔伯特的哥哥，米尔顿是库兹涅茨在美国商务部负责国民收入核算时的学生。在第二次世界大战前，二人和牛津大学的经济学家约翰·肯尼斯·加尔布雷斯同为罗斯福总统的演讲撰稿人。

理查德·吉尔伯特执教于哈佛大学，从一开始就是凯恩斯主义的拥护者，在当初罗斯福还没有接受凯恩斯理论的时候，吉尔伯特就是少数几个深得罗斯福信任的人。吉尔伯特深入地研究了英国有关国民收入核算的文献，尤其是米德和斯通的理论，他意识到，借助英国的收入核算逻辑可以证明提高军备生产不会影响国民收入水平。

1941 年，凯恩斯访问美国时，曾有机会同物价管理和民用供应办公室的工作人员（这些人中也有凯恩斯曾经的学生）以及理查德·吉尔伯特进行交流。当时物价办公室正在自行进行国民生产总值的核算。凯恩斯与吉尔伯特深入地交流了关于国民收入的组成部分以及核算方法等内容。讨论的结果就是物价办公室 1941 年出版的国民生产总值核算结果，核算中对提高军备生产的影响进行了分析，还将政府支出纳入了考量。这次核算是一次公开的尝试，即要用一种新的核算方法来代替库兹涅茨的核算方法。凯恩斯高度赞扬这次尝试，他认为这是不落窠臼的年轻的经济学者们的成果。

米尔顿与哥哥理查德关系很亲密，他们在华盛顿时住在一起。所以理查德有可能在进行国民生产总值核算上说服了弟弟米尔顿，因此，当米尔顿 1942 年被任命为美国商务部研究院院长时，就将官方进行的国民收入核算调整为以凯恩斯理论为基础的国民生产总值核算。由此开始，商务部不再使用库兹涅茨的理论。

库兹涅茨与凯恩斯最大区别在于，他们赋予政府以不同的角色。这种不同不是日积月累产生的，而是一个全新的核算方法上的转变，是对经济过程的不同理解。但与英国核算体系不同的是，美国没有用应税所得作为关键参数，而是用生产。随着平时经济向战时经济转变，准确地了解美国的生产力水平在政治上意义重大，相比之下，私人家庭有多少钱花就不那么重要了。

## 国民生产总值保卫战

随着美国参加第二次世界大战，对生产的关注度大幅提高。1941 年末日本偷袭珍珠港，美国国防预算急剧增加：罗斯福总统将 1942 年的军备支出提高至 560 亿美元，而 1941 年才只有 130 亿美元。军备支出如此急剧的提高可能会彻底改变美国的经济结构，但具体有什么样的影响大家不清楚。尽管在军备支出提高的同时国民收入还是保持增长，而且依旧高于 1929 年的国民收入水平，但是人们知道，个人消费会由于对原材料的需求而降低。但是却没有统计数据能够准确解释国民产值是由哪些产品及服务组成，以及有哪些领域会缺少原材料。国民收入虽然能够反映经济的总体水平，但是究竟在哪些生产领域会受到原材料匮乏的影响而急需找到替代品，这是国民收入无法解答的。

但是，首先还需要转变人们认为军备支出及军备生产提高就一定会导致收入降低这一观点，这一转变具有极强的政治意义。1942 年米尔顿 · 吉尔伯特发表了一个非常全面的研究结果，这一研究结果促使了美国政治从关注国民收入向关注国民生产总值转变。

吉尔伯特认为，应该对即将到来的结构转型得出基本看法，进而为当今政策提出建议。但他认为现存的统计数据没有什么说服力。后来，他在文章中又说，战争动员的早期阶段就像是去应聘，却不知道自己的个人水平以及自己钱包里有多少钱。

吉尔伯特发现，1940 年国防支出低于 30 亿美元，到 1941 年国防支出已经超过 130 亿美元，每年国防支出的急剧增长没有带来个人消费的下降。相反，个人消费水平达到了历史最高点，国民收入同期也从 750 亿美元涨到了 1040 亿美元。

关键的问题在于：如果要承担政府计划的国防支出，总产量中还有多少能够留给个人以及民用消费呢？要回答这个问题，按照当时流行的观点，应从国民收入中扣掉政府的军备及国防支出，余额就是个人消费的数额。从这些数据中可以得出，要实现总统的军备计划，个人消费水平就要下降三分之一。吉尔伯特认为这种算法容易令人误解。这种计算方式会扭曲事实，不符合美国经济生产力水平。

吉尔伯特新核算方法的基础是，将用于战争的计划支出与用于和平生活的计划支出区分开。他认为，国民收入是收入之和，与军备支出不相关。军备预算最终还是会用于以市场价格购买商品及服务。因此，与军备支出进行对比的统计结果应当是一定时期内生产出来的所有商品与服务在市场价格下的价值总和。而国民收入计算的是净产值，即不同生产要素带来的收入总和。

想要将国民收入变为市场价格下的产值，吉尔伯特认为应该首先弄清楚，在核算过程中税收数据是如何处理的，这些税款是公司在支付工资、薪金、利息等之前根据其盈利缴纳的。由于要加上税款，所以商品与服务的售价就不同于要素成本（即收入，就是以工资和薪金的形式向生产要素支付的费用）。由于政府以税收的方式获得部分收入，因此也应将政府看作收入的获得者，其收入也应纳入国民收入核算，这样才能算出市场价格下商品与服务的价值，但这依然是一个净值。因而吉尔伯特建议，可以将此净值与军备支出对比，也就是说，不考虑折旧费：一方面，对折旧费的核算从方法上来看不完善而且不明确；另一方面，折旧费对于经济转型后高度现代化且技术发达的军备工业来讲无关紧要，因此，不算折旧费的核算结果可能更准确些。但其实最简单的原因在于，折旧费总归是会计入市场的售价或购买价格中的，军备商品也一样。

吉尔伯特将通过这种换算得到的数额称为国民生产总值或国民总支出。这个数额中除了包括私营部门生产的商品与服务的市场价值之外，还包括直接由国家生产的商品与服务的价值。这样计算得出的国民生产总值比国民收入高 25%。

这种核算方法让吉尔伯特能够展现出 1939 年至 1941 年的支出（消费）构成，并对1942年的支出情况进行估计。他得出结论，军备支出的逐步提高不会造成经济排挤现象，而是会显著提高总产量，这种提高不仅是因为政府支出的增加，而且是因为就业人数、平均周工作时长以及生产率都同时增加。经济的转型也带来了生产高质量商品的工业领域比重的增加。

在这一背景下，对吉尔伯特而言，上述的改变还有着不同的意义。吉尔伯特首先从 560 亿美元军备预算中减掉上一年的军备支出，剩余约 420 亿美元。军备支出的大幅度提高会带来什么样的影响呢？吉尔伯特发现，美国的国民经济远未达到生产极限。社会上还存在大量可进入生产的失业人员。周工作时长也还可以继续提高，工业产能闲置情况同样存在。如果达到政府计划的生产目标，吉尔伯特预计国民生产总值将从 1150 亿美元达到 1320 亿美元。

通常情况下人们会认为，只有当民用品变成军需物资时，军备计划才能得以实现。但吉尔伯特认为，单这一项还不足以生产出国家所需的坦克、飞机以及舰船。对于消费品工业来说，这种换算的方法总归是有限的。对于设施、机器、货车或者农业机械等生产资料来说，还是相对有可能的。事实上，需要对某些商品的生产进行调整或减少生产，但关键要看是否有可能继续扩大生产。

在 1320 亿美元的国民生产总值中，如果扣掉国家的军备支出（吉尔伯特认为由于某些方面的调整，军备支出净值只有 530 亿美元左右），就只剩 790 亿美元用于其他支出，这其中还包括政府支出中的其他非军备支出。这比 1941 年的 1020 亿美元少很多，但是却比国民收入核算的拥护者们所预测的要高很多。由于要降低非战备物资的生产，私营部门需要限制消费，但这个限制并不是迄今为止人们所想象的那样要降低三分之一，而是最多五分之一。

国民生产总值核算不仅能够证明，实现军备计划所带来的后果远没有想象中严重，而且还证明了支出水平还有升高的可能。转换和扩大生产是吉尔伯特提出用以满足军备工业要求的最重要的政治概念。军备支出预算的大部分都可以通过扩大生产以及降低私营部门的投资与耐用消费品消耗来实现。这对于国家政策来说非常重要，因为这意味着人民满足基本需求所需的商品与服务（如衣物、住处以及食物）不会受到影响。

另外，国民生产总值的核算还能够判断出是否出现了通货膨胀。根据当时广泛使用的凯恩斯的通货膨胀理论，通货膨胀差额是判断通货膨胀风险的重要指标。其理论根据是，当对商品与服务的需求高于供给时，即在供给与需求之间存在一个差额，就会产生通货膨胀。通过国民生产总值的核算，可以得到关于税收、消费以及储蓄的相关信息，这对于判断通货膨胀的风险起决定性作用，另外还可以发现，是哪些税收措施导致收入水平降低，从而导致需求减少。

美国商务部出版的《当代商业纵览》杂志自 1942 年 5 月开始发布国民生产总值的核算数据，同时配有多个相关表格（如国民生产总值与国民收入的关系以及国民生产总值在支出、收入以及收入的使用三个方面的分配情况）。不久后，国民生产总值开始按固定价格进行核算，并在每个季度进行一次。

但国民生产总值这一概念并没有立刻获得承认。私人企业家们不明白这个数字对他们来说有什么意义。因此，1944 年，米尔顿·吉尔伯特希望通过经济学报纸《丹斯评论》来向更多的人解释进行国民生产总值核算的优点，即国民生产总值不仅能为国家，也能为企业家们提供重要的信息。

进行国民生产总值的核算是基于战争需要。在这一背景下需要回答的中心问题是：美国经济的参战潜力有多大？同样重要的是，美国扩大军备生产是否会导致通货膨胀？要回答这两个问题，不仅需要了解生产出来的产品情况，还需要知道收入以及收入的使用情况。正因如此，吉尔伯特开始进行国民生产总值的核算。虽然通过国民收入核算也可以对生产力水平进行评估，但却无法回答战争向我们提出的上述两个问题。为此需要知道与生产有关的数据，不仅是私营部门的生产数据，也包括政府部门。国民生产总值就是对生产情况进行核算。再根据收入使用情况的统计结果，就可以从整体上了解经济循环关系情况。

吉尔伯特认为，向国民生产总值核算的转变可以说是成功的，因为政府已经开始用统计结果作为政府计划的基础了，而且政府也已经意识到将统计结果用于扩大军备的潜力了。但是无论是对于政府还是对于私营企业来说，在和平年代进行国民生产总值核算也是有意义的。其统计结果包含关于经济发展趋势的重要数据，可以为企业家们提供关于经济整体状况及其发展趋势的必要信息。吉尔伯特认为，越来越多的企业家会将国民生产总值结果用于进行市场以及经济发展趋势的分析。

到了第二次世界大战末期，国民生产总值已经完全取代国民收入核算，最终成为分析经济状况的主要统计指标。罗斯福总统1945 年 1 月在国会国情咨文中第一次提到了国民生产总值。当时已经可以预见到，美国国民经济在战后将面临极大挑战：经济的再次转型，即从战时经济回到平时经济。

在第二次世界大战期间，政府支出几乎占到国民生产总值的一半，几乎五分之一的美国人都参战了，绝大多数工人都直接或间接地在军备行业或者生产对战争很重要的民用物资行业里工作。对战后时期来说，非常重要的是政府能够提供足够的工作岗位，并且重新激发已被限制多年的国内需求及私人投资，从而使充分就业成为可能。罗斯福在国情咨文中明确指出，经济结构的再次转型如果没有合适的统计基础是不可能实现的："关于企业活动及市场的统计信息、就业情况、失业率、收支水平以及储蓄情况，这些都是战争后期制定经济政策以及战后时期经济转型极为重要的指标。"

## 战争与和平年代下的核算

米尔顿·吉尔伯特明确指出，国民生产总值核算在他看来绝不是只能用于战争年代，它为政府制定政策提供必要基础，因此应由政府机关长期组织核算。类似国家经济研究局的科研机构或独立的经济学家如西蒙·库兹涅茨则不再重要。

面对打击，库兹涅茨没有屈服。第二次世界大战期间，他还在努力重新为自己的国民收入理论赢回舞台。在他的《国民产值、战争以及战前》(1944年)以及他于1945年春发表的著名文章《战争时期的国民产值》中，库兹涅茨探讨了国民生产总值及其在战时以及和平时代的核算。

他将国民产值定义为一国经济活动的净贡献量的总和。库兹涅茨的关键在于贡献量这个概念：为谁生产？有什么样的目的？他的其他定义则相对容易理解：经济活动是指纯粹的经济过程。总和的意思是应选用某种方法，对不同质的商品按照价值进行合计。而一国之内这一限定是为了说明经济活动的最终目标是本国，而不是出于进行国家之间的对比。

那么战时生产的目的又是什么呢？是为了满足最终消费者的需求吗？也可以像其他消费品一样进行统计核算吗？或者国家资本存量会因为军备生产而提高，从而有可能在未来提高产量吗？国防的目标与生产商品以供消费的目标是相同还是不同呢？

原则上，人们是希望能够找到一个国民产值的计算标准，从而能够反映国民经济随着经济的发展情况并能与其他国家相对比，这样的一个目标只能通过降低复杂性来实现，但这样就无法真实反映实际情况了。无论选择什么样的核算方法，都始终有不完美的地方。库兹涅茨想用国民产值这个概念来回答自古以来就让无数哲学家为之争吵的诸多问题，而为此要付出的代价却非常高。国民产值的核算在战时以及和平时期的算法是不同的。

就算是在和平年代，要让核算参数达成一致就已经很困难了。再遇到像战争这样的极端时期，这个问题就更麻烦了：战争时期几乎无法区分中间产品与最终产品以及总值与净值。同时，国家在经济过程中的角色也发生了改变。尤其是战争也改变了所有经济事务的最终目标。

在和平年代，所有经济事务的目的都是向最终消费者提供商品与服务。所有经济活动的最终目的都是为了满足人类需求。而在战时却是为了确保达成下一步的目标而生产尽可能多的商品与服务，并尽可能快地赢得战争。和平年代是把商品生产给处于和平中的人，而战争年代的情况则正相反。

库兹涅茨给出了两种不同的核算方法：第一种是将战时生产理解为资本存量的提高，第二种是将其作为一种单独的最终产品。选择不同的核算方法取决于是想从长期还是短期进行核算。

从短期来看，在战争中，一个国家的所有需求都是为了满足军工生产。军事冲突主导整体经济活动，因此这时必须将生产的武器作为最终产品计算。区分总值与净值也是如此：如果这项政策是要决定接下来的战时生产的计划时，净值就不那么重要了。从长期的角度来看需要将资本的消耗情况纳入核算，其中包括资本损耗以及设备折旧，这样才能更准确地反映经济过程。总产值对于战时的决策者来说很重要，但如果要进行长期的比较分析则还不够充分。

在一段较长的时间范围内，如果没有长期武装冲突，就不能把军备物资及武器算作消费品，而是将其看作资本存量的提高。战争与和平年代下政府的功能以及武器的生产情况都是不同的，所以国民收入也会有不同的核算方法。

但是库兹涅茨又指出，对美国来说，所谓的和平年代以及长远来看所有经济事务的目标，即为最终消费者提供商品与服务，并不是一个普遍且永久的目标。如果一个国家比如在三四十年后开始了预定的工业化进程，从而开启了成为发达国家的道路，那么国家经济事务的目标可能就会是生产资料的积累了；反过来也是一样，发展水平较高的国家也不会将产量最大化作为其经济活动的最终目标。在这样的国家中，休闲以及艺术活动也将属于人们所追求的商品，经济活动要为享受非经济活动让位。

最后，库兹涅茨还探讨了最为关键的问题，即国民产值到底能核算什么以及不能核算什么：

> 从很多方面来看，为消费者提供商品实际上不是经济事务的中心目标，更多的是一个次要目标。如果以是否能够带来广义上的福利以及是否能够让人民过上一个某种意义上的好生活来判断经济体系的功能，那么向消费者提供商品以及任何其他形式的经济活动都是次要的，如果那时还需要计算国民产值的话，其核算方法也会是完全不同的。那时，国民产值就不再是一个经济学概念，而会是一个更广泛的参照体系中的一部分。如果我过去几年的观点被接受了，即经济活动要从属于好的生活、国家声誉或者任何一种其他的不确切的标准，那么就应该核算在这样一个全新的、非经济目标驱使下的经济活动的净贡献量。

对库兹涅茨来说，美国商务部的新核算方法是不符合标准的。因为商务部将所有的政府支出都作为最终产品进行核算，这样一来，政府支出就成为了一个变量，会随着政策而不断变化。从这个意义上来说，国民生产总值也不是一个专为战争年代而设计的算法，而是从根本上赋予了政府在一个经济体系中的中心地位。这种核算方法无法核算所有经济事务的净贡献量，因为根据定义在核算过程中一定会出现重复计算。这种核算方法将政策及其对国民产值的影响看得特别重要。

米尔顿·吉尔伯特在针对库兹涅茨的《国民产值、战争以及战前》一文的评论中写道，这位他曾经的老师所提出的建议以及核算方法，无论是在战时还是平时，对于经济问题的解决都没有任何帮助。吉尔伯特想要扭转美国商务部作为政府机构的视角，使其与作为个人研究者的库兹涅茨对立。但国家经济研究局一直以来在国民收入核算方法的所有问题上所拥有的影响力，可以说是吉尔伯特的眼中钉。他认为，还有很多人是国家经济研究局的拥护者，他们认为库兹涅茨的方法可信且实用。

针对吉尔伯特的批评，库兹涅茨为自己的观点进行了辩护。像以往一样，对于统计数据可以说明以及不可以说明什么这一问题，库兹涅茨表达得非常清晰。战争是一个非寻常且极端的事件，所以不能用平时所用的方法来进行核算。通过国民产值核算可以了解经济上到底发生了什么。但是要明白，从核算中无法提炼出对政策的建议，它只能限定政策的制定范围。国民产值核算可以更清楚准确地发现问题，但却无法给出答案。对库兹涅茨来说，国民产值核算可以刺激关于经济过程的讨论，而这种刺激是通过对核算过程的不断审视而达到的。因此，库兹涅茨并不是想用他的想法替代商务部的核算方法，而是想将其变成商务部核算内容的一个补充。

## 账户引起的冲突

1944 年 9 月，美国、加拿大以及英国的代表们聚在一起，想要制定一个共同的国民收入核算方法的基础。而西蒙·库兹涅茨根本没有被邀请参加此次会议。

这次讨论由理查德·斯通主导，因为他能够向美国的代表们解释清楚他的账户体系的逻辑。在第一次会议上，美国就表现出了想要向英国的核算方法靠拢的愿望，并希望以此达成账户系统的国际共识。① 与会代表们特别强调，账户体系要能够体现出不同群体（即个人、国家以及企业）的经济交易情况。不是为了显示具体的转账数额有多少，而是通过这样一个数字与信息系统能够看出每一笔总值之间有怎样的关联。尤其是不能把国民收入核算当作经济福利的核算基础。1947 年，美国商务部将国民收入和生产账户（NIPA）放到一起，共同制定了自己的账户体系，该体系主要以米德和斯通的凯恩斯主义的账户体系为基础设计而成。

库兹涅茨也很清楚，账户体系的本质就是能够记录经济主体之间的交易过程，从而能够形成对经济活动的总体认识。通过这样的一个账户体系能够让人们了解某些经济领域的功能与意义，并帮助人们研究，他们与经济总体发展相比情况如何，以及随着时间推移他们的变化特征如何。但库兹涅茨却对商务部的账户体系很不满意。1948 年 3 月，他将自己的不满发表于《经济与统计评论》上的一篇文章中。而在这一期刊物上，还发表了吉尔伯特

① 美国与英国账户体系的特点不完全相同，这里不详加讨论。

以及其他人对库兹涅茨的批评与反驳，这些反驳用语礼貌，却很激烈。

库兹涅茨认为美国商务部的账户体系中缺少对于核算方法基础的说明。商务部的核算方法不再以向消费者提供商品为最终目标，而是以生产为导向，就是说，是以方式而不是以经济事务的目的为前提。

经济体系内一切经济事务的目的变成了商品的生产。商务部的关注重心也自此从消费侧转移到了生产侧。库兹涅茨认为，这与他的核算方法有本质的不同，而且这个不同已经不再停留在对概念的理解上，而是一个完全不同的方法论与哲学理念。库兹涅茨认为，只有时间能够说明，到底哪种核算方法更适合现实或者说能更有助于理解经济与社会结构的变化。另外，库兹涅茨认为商务部的账户结构中存在危险，有可能会因此形成一个极其容易对经济理解产生误读以及滥用的系统。

对库兹涅茨来说，绝不是要通过账户体系来确定在经济循环的哪个节点上开始进行核算，而是说，进行核算可以完成出于假设所定的目标。但现在的这个账户体系无法完成这一点。它就像是一个空白的本子，我们可以自己决定要往本子里写什么。

在库兹涅茨看来，公共部门的地位又变得难以解决。商务部给予政府与最终消费者以同等的地位。这样一来就瓦解了库兹涅茨的根本原则：国民收入应当核算的是个人的消费情况，政府作为一个整体不被纳入考虑。只有当所有与经济相关的政府支出与政府行为都作为商品与服务供最终消费者消费时，才能将政府需求与消费者需求等同起来。但是，服务于企业以及社会团结（健康、教育）的那些政府支出不能被当作可消费的最终产品。即使把政府看作商品生产者，也不能将全部政府支出划为最终产品的类别下，因为其中有很多（由政府委托进行）更应当被看作生产过程中的中间产品。否则会导致双重计算，进而会影响历时数据的比较分析。

另外，从商务部的账户体系中也无法看出核算中为什么选择了这部分因素，而没有选择另一些。这样一来，就只需要观察最终消费者的收入流包括哪些，却没有认真地思考收入流或者经济交易这两个概念到底如何定义。可以确定的是，商务部的账户体系暗含风险，因为其单方面关注现金流，并借以推断商品的循环过程，却没有更仔细地观察货币空间之外的商品流转情况。

面对库兹涅茨的批评，吉尔伯特与他的盟友们表示，他们向库兹涅茨所做出的创新与贡献致以最崇高的敬意。但他们的敬意读起来却像是在说，库兹涅茨已经是历史了，可以被写进教科书了，不需要再将他视为旗鼓相当的对手进行认真的交流探讨了。最迟等到账户体系统一之后，库兹涅茨就会被国民收入统计学家们孤立起来。尤其是他提出的关于所有经济事务的最终目标这一要求遭到了大家的批评，因为这样会让国民收入的统计方法进入一种道德维度，而这是国民收入统计所根本不需要的。吉尔伯特等人引用了威廉·配第的话作为论点。他们想要的就是继承配第的衣钵并将其发扬光大。

实际上，官方国民收入核算以及由商务部进行的国民生产总值核算将政治算术这个想法几乎已经实现了。一种数据体系得以建立，这种数据体系能够帮助政府了解经济活动的总体情况，并为政府制定政策提供建议。库兹涅茨的反驳声渐渐销声匿迹了，因为他的想法与建立政治算术体系背道而驰。库兹涅茨被政治算术的捍卫者们接替了，国民生产总值的核算不再是学者们的研究主题，而是真正地成为了政府工作的一部分。

Die Macht der einen Zahl
Eine politische Geschichte
des Bruttoinlandsprodukts

# 05 德国：战争、绑架与数据掠夺

## 德意志帝国与魏玛共和国

从世界范围来看，在国民收入核算方面德国是个后来者。19世纪，尽管有许多德意志邦国都进行了多次以收入赋税统计为基础的国民收入核算，但是这些核算的开展大多是非官方不定期进行的，所能收集到的数据也不够全面。除此之外，当时的德国经济学家对于这一统计的意义也持怀疑态度。大家也不觉得英国与法国的国民收入核算尝试有什么意义。更何况做这种核算工作看上去也十分具有危险性：1871年，德法战争结束，德国宰相俾斯麦为了确定高额的战后赔款数额查阅了法国的国民收入核算记录。而问题在于，专家们认为这些核算数都过高。但是，由于这些核算当年是由法国人进行的，所以俾斯麦就可以依据这些数据，再故意额外地多压榨法国一点。

德意志帝国统一之后直至1899年才进行了第一次全国范围内的国民收入核算。但是这只是一个以少数几个地区的收入统计为基础的、在帝国范围内进行的粗略估计。统计结果没有什么说服力。

德国的第一次国民收入核算发生在1913年，这次核算并非由政府委托进行，而是由德意志帝国后来的财政部国务秘书及德意志银行董事会成员经济学家卡尔·黑尔费里希进行的。黑尔费里希将他的分析建立在纳税评估的基础上。他对1896年至1912年的国民收入情况进行了核算，以此对威廉二世在位时期的经济发展情况进行了研究，并且他还遵循了配第进行政治算术的优良传统，将他的统计结果同英国以及法国的结果进行了对比。在人均收入方面，黑尔费里希发现，在过去几十年里，德国在经济水平上已经明显地超越了法国，但仍远远落后于英国。保罗·斯杜邓斯基在其国民收入核算史中将黑尔费里希称赞为开拓者，黑尔费里希运用翔实的数据展现了德意志帝国持续稳定的经济发展情况，在他晚年（他死于1924年），他作为保守党成员在动摇年轻的魏玛共和国的政治活动中起了决定性的作用。他的文章《滚吧，艾尔兹贝格》为后来谋杀当时的财政部长马提亚·艾尔兹贝格埋下了伏笔，艾尔兹贝格受德国临时政府委托于1918年同协约国签署了贡比涅停战协定，从此成为了右翼政治家们的怨恨对象。

从欧洲范围来看，德国的统计落后，它缺少很多非常重要的经济数据，比如关于失业情况的统计、价格信息、工资水平以及家庭消费水平等，一直到魏玛共和国初期，德国统计学界始终都无法给出德国经济活动情况的准确分析，其中主要原因是自19世纪起，私营经济始终对这一类统计调查抱有抵触情绪。企业没有义务要为经济数据的统计核算提供自己的信息。但可供使用的统计资料也同样匮乏。亚当·图兹在其关于德国 20 世纪早期经济统计学历史的书中写道，威廉二世时期的德国在统计学领域非常落后。即使收集了信息，这些数据也都是保密的。

1872 年，皇家统计局成立，该局不仅需要与私营企业的抵触情绪做斗争，还要克服德国当时的邦联制度带来的种种问题，这些邦国要么像保守秘密一样地提防着自己领土内的相关信息被泄露，要么就是想要用这些信息在柏林谋点私利。另外，在第一次世界大战开始前，经济统计学与社会统计学还并没有得到区分。那时候的统计局里也没有专门的经济统计学部门。经济还没有成为一个独立的分析单位。政府在进行政策进程规划时，很少会关注到官方统计数据，这些数据不受重视，而且在很长一段时间内，统计工作也缺少资金支持。

第一次世界大战的爆发并没有从根本上使这一局面立刻得到改善，相反，由于人们一开始以为这只会是一场短暂的战争，就没有必要进行长期的规划了，所以大部分的统计工作都没有得以进行。但是大工业却意识到了计划需求的提高。柏林通用电气公司总经理瓦尔特·拉特瑙建立了一个自己的经济原材料需求统计与控制系统。由于他觉得官方统计数据根本不能用，所以他推动建立的这个军需原材料部门是完全独立于皇家统计局来开展工作的。

而在工业领域，企业界仍然不愿将企业业务流程以及账务情况提供给政府机构。为了更有效地开展战时规划工作，1917 年政府引入了一项提供信息义务。每家企业都必须要提供相关信息，否则将被处以罚款。但即使如此，工作开展得也依然不顺利，企业家们希望至少战争结束后能够重新回到信息保密的时代。直到战争后期，德国才建立了帝国经济部以及帝国劳动部，作为国家经济管理的中心部门。统计局被并入了帝国经济部。

与德意志帝国不同，魏玛共和国拥有一个机构化的国家经济管理体系，战时的经济相关管理部门成为了共和国自己的部门。国家经济政策拥有了新的意义，其中最直接的一点就是，从一开始德国总统弗里德里希·艾伯特就要求每个月都要向他汇报国家经济状况。皇家统计局改称帝国统计局。

政治上对于统计数据突然增强的需求也同时说明了政府急需这些信息：军人复员带来的各种问题、经济活动亟待复苏、德国经济如何重新融入世界贸易中，还有饥荒以及前所未有的高额战后赔款，所有这些问题都要求政府准确掌握相关数据。但关键问题是，这些数据还从未被统计过。

经济状况是一个巨大的未知数，“对经济的认识几乎是一片空白”。没有任何关于通货膨胀的可用指标，贸易数据不够完整，失业人数统计也不准确，没有关于就业率、产量以及收入的相关数据。而关于价格以及收入的统计数据尤为重要。根据价格的统计数据可以了解人民日常生活费用如何，而根据收入情况则可以知道还有多少人生活在最低生活水平线以下。威廉二世在位时，对这两项数据的统计态度就像是后妈对原配的女儿一样漠不关心。完全没有关于工业领域收入水平的数据。之前对工资与薪金情况的几次统计皆因遭到工业界以及企业家们的强烈反对，而以失败告终，因为他们害怕统计结果会给社会民主党留下把柄。

现在，这些数据只能用费时费力的方法进行统计了。战争结束后不久，一些城市自行计算了其城市生活费用指数，但并没有从国家层面进行生活费用指数的计算。政府于 1920 年才开始进行生活费用指数计算，计算结果发现，此时的生活费用是战前的 13 倍之高。自此，政府就开始定期计算这一指数了，但是依然有各种经济联合会不断阻挠其计算过程。比如纺织工业代表拒绝给出衣物成本的信息，而没有这项数据就会低估劳动人民的生活成本，从而使指数的可信度下降。但从 20 世纪 20 年代中期开始，这一指数却在政治圈里激起了波澜，因为不同的党派都想用这个数据来为自己的论点作支撑。

对工资及薪金水平的统计过程则更为困难，该项工作虽然受到各工会的热情支持，但遭到大企业的极力反对，它们抵制统计，并利用自己的影响力拖延国会政策的制定。随着 1922 年开始的通货膨胀，所有迄今为止的统计数据都变得毫无意义。直到这次恶性通货膨胀结束，政府才又重新开始收集可靠的统计数据。但关于收入情况的统计却一直是一个政治敏感话题。不仅是出于上文所说的原因，还因为此时德国经济越来越多地由多家康采恩[①]控制，这些垄断性的大公司不仅使公司财产关系模糊不清，而且还不惜一切地掩盖重要的收入数据。尽管如此，还是有一些工业部门参与了数据统计，这仅有的一些统计数据显示，实际支付的工资额与协商达成的工资额之间有巨大差距。

1925 年，随着德国经济景气研究所（IfK）的成立，德国统计学以及魏玛共和国国民收入统计学发展史迎来了重大转折。研究所的成立要归功于帝国统计局的局长恩斯特·瓦格曼。该所由瓦格曼领导，将经济观察理论与经济循环理论同实践研究结合起来，对数据进行收集调查与评估分析，并将研究结果与统计数据发表出来，以此来推断经济发展状况。此外，帝国统计局禁止对经济发展情况进行证实与预测。通过这项禁令是希望经济统计专家能够并且应该更多地影响政策的制定。研究所以美国的国家经济研究局为榜样。但研究所的特殊之处在于，虽然它是一个独立的研究机构，但它是帝国统计局的附属机构，所以也是官方统计机构的一部分。

经济景气研究所每季度都会出版不同形式的关于经济发展趋势、市场、各地区以及各产业的分析报告，后来又改为每周出

① 康采恩是指多种企业集团，这是一种规模庞大而复杂的资本主义垄断组织形式。——译者注

版。报告用图形以及图表的形式展现各种数据结果，这在当时十分先进，新闻报刊也借用这种形式。在这之前，经济学是一门远离政治的学科，但自此以后，它具有了新的实用价值：经济研究应明确地为经济政策服务。人们期望经济景气研究所能够根据各种数据与指标分析出当前的经济状况并对未来的经济发展做出预测，就像只要读一下气压表的数值就能预测天气一样简单（这一方法当时被称作哈佛气压表方法），但由于各种经济指标众多，这个期望很难实现。正如亚当·图兹所写的那样，瓦格曼深受约瑟夫·熊彼特的经济周期理论影响，认为经济活动是一个物流与资金流互相交织的系统。他构想出一个具有代数关系的系统，借以对物流与资金流进行统计分析。这一系统与后来使用的凯恩斯关于国民经济核算的想法已经非常接近了。

自 1926 年起，研究所开始进行国民收入核算。这算是一次政治事件。一方面是为了估算有多少钱可以用来支付战争赔款，另一方面是由于雇主代表与雇员代表始终在就各自能从收入这一蛋糕中分到多大一块而争论不休。经济景气研究所的核算工作是基于税收数据进行的，由于魏玛共和国在全国范围内征收所得税，所以税收数据易于获取。关于国民收入的数据是研究所进行经济状况分析的重要组成部分，但是它不具政策影响力，也没有作为官方数字被公布于世。

此时，德国的经济学家们还在一如既往地激烈地讨论着国民收入这个概念。1926年，社会政策协会的年会在维也纳举办，年会上就进行国民收入核算是否有意义这一话题进行了激烈的讨论。尽管在座统计学家中有很多人谨慎地指出，国民收入核算有助于理解经济状况，但是却没有压过批评的声音。不仅仅是因为人们对于收入这类方法性概念感到反感，而且大多数代表们强烈反对把复杂的经济关系简化成一个数字的这一根本想法。他们当中有人总结道："这种想用一个简单的数字来代替国民收入以及人民财富的做法，在遭到我们痛批之后，恐怕就无颜立世了。这种尝试只是在政治上哗众取宠。"

在很长一段时间内，经济学界内都充斥着这种批评的声音。甚至在20世纪30年代后期，在美国执教的奥地利经济学家约瑟夫·熊彼特还不断提起在经济学家中散布广泛的对于国民收入核算的不信任：

> 无论是谁想要尝试为国民收入做界定时，都会遇到的困难就是，这个概念不是一个只能用在某个方面的技术性概念，它在口语中非常常用，无法用一个单一的定义来概括它。

直到1932年，帝国统计局才开始在官方层面进行全面的国民收入核算，其目的主要是为了了解国民生活水平。此次核算统计了1891年至1913年以及1925年至1931年间的国民收入数据。1913年对统计学家们格外重要，因为这一年是进行战争损失估算的基础，还可以用于同之前的数据进行对比。国民收入核算工作一直持续到 1938 年。

而此时，统计局所做的国民收入分配的数据可以算得上是当时世界上最精确的计算数据。但是这些数据只通过收入法进行了计算，也只具有历史意义。国民收入还不能算作一个能够用于规划或预测的参数，只能用于分析过去几年的收入情况。

想要对经济活动进行完整的统计学分析，还需要有工业生产的相关数据。当英国和美国早已开始定期进行全面的产业调查时，出于上述原因，德国收集数据的工作仍举步维艰。瓦格曼开始为第一次产业普查做准备，他预计普查将在 20 世纪 20 年代后期开始，并希望通过这次普查能够将生产相关的数据与国民收入数据进行平衡校正，并能够进行一次全面的国民经济核算。尽管他的普查计划不断被推迟，直到最后世界经济危机的爆发中断了产业普查的继续进行，但是至少瓦格曼这位天才的政治沟通家，消除了企业家与工业家对于统计学长久以来积累的戒心。

经济景气研究所的董事会中有重要的工业领域代表，因为瓦格曼将研究所定位为一家可以提供可信且可靠的数据的机构，从而能够不受当时的政治冲突的影响，独立、科学地为政府决策提供重要支持。作为回报，工业家及企业代表会视情况向研究所提供相关数据。

在很长一段时间里，瓦格曼都是经济周期理论的追随者，根据经济周期理论，经济景气周期符合一种近乎自然的波动规律。所以他也像其他人一样，认为世界经济危机并不是结构上的危机。直到 1932 年，经济景气研究所都还在期望着整个经济形势不久后就会自己恢复过来。一直到后来他才意识到，公共部门对经济循环的直接干预可以减缓经济不平衡现象。国民收入对于经济循环的分析具有特殊意义，但通常人们对于国民收入水平提高的理解，都只是工作岗位变多了以及经济变得更稳定了。

虽然人们期待研究所能够根据经济数据准确预测未来经济发展趋势，但是，即使处理数据的方法更加先进，并且又有了新的、以实践为基础的研究方法，研究所也并未能满足这一期待。尽管在经济危机期间，公众以及政界对于经济数据有了更多的关注，但是经济景气研究所却陷入了与布吕宁政府的公开冲突之中，研究所希望能够通过政府的扩张性需求政策来缓解经济危机，而布吕宁及其经济顾问认为只有通货紧缩才能解决问题。而且，将研究所视为帝国统计局的延伸部门并且几乎成为经济数据的唯一输送者，这一点在政治上也颇有争议。但是，纳粹分子们从一开始就对这些统计数据抱有极大的兴趣，因为他们想用这些数据来证明魏玛共和国的一无是处。

## 经济统计与国家社会主义

德国纳粹分子上台后，由于一场政治阴谋，瓦格曼的帝国统计局局长职务被罢免了，但经济景气研究所所长的职位得以保留。研究所在行政上脱离了统计局。随着重整军备和战争规划政策的出台，对于有用的数据材料以及实践规划依据的需求又开始增加。但是纳粹各个部门以及政府决策混乱不清，各种机构重叠，而且党组织另立门派，这让统计难以进行。

国民收入统计无论是在纳粹分子的政治修辞中，还是在经济与国防政策的制定过程中都毫无用武之地。德国的国民收入核算也同样区分了直接供最终消费者使用的政府行为以及可以被看作中间产品、生产投入或者成本的政府行为。因此，进行国民收入核算时就必须知道政府支出情况如何。但是想要知道这些数据却越来越难了。政府支出的信息变成了涉密信息，因此 1938 年帝国统计局终止了定期的国民收入核算。经济数据的自由发布越来越受限制，从这时起，越来越多的统计数据开始成为涉密信息了。

尽管如此，1936 年，酝酿了很久的产业普查终于完成了。统计学家们成功地说服了新一任的当权者，他们指出，如果缺少这些关于生产的数据，将对扩充军备的计划造成非常严重的影响，通过这些数据可以计算出军需原材料的消费与需求情况。

由于纳粹时期各种不同的机构都在进行数据争夺战，帝国统计局逐渐丧失了其作为政府数据垄断者的地位。而且统计局里也出现了不少屈从于独裁政府的统计学家，他们的目标与野心让统计局的工作变得更难开展了。1938 年，统计局中为戈林的原材料与外汇部门提供信息的工业生产统计处从统计局中脱离出来了，成为了独立的帝国国防经济规划局。新成立的规划局主要负责为政府战前策划提供必要的信息。但是规划局却无法完成这一任务：

> 他们对表格里的工业生产数据进行评估时，并不是以价格为基础，而是以数量为基础进行分析，这些数据处理工作虽然自称国民经济整体收支，但都只是在浪费精力，根本没有得出任何有意义的结果。

对与军备有关的数据的多头管理，使得企业家们总是要面对来自不同机构的各种调查表格，令企业家们怨声载道，他们抱怨自己的太多精力都被耗费在填表上了。为此，1939 年特别成立了由戈林领导的中央统计委员会，负责各种调查表格的审批。

纳粹战争目的的荒谬之处还体现在其机构的混乱性上。既没有有效的中央统筹规划，也没有对各个经济过程的准确认识。从经济学的角度来看，整个战前策划都是建立在临时拍脑瓜的基础上。德国的经济统计系统毫无章法且不成体系。越来越多的军事部门都开始自行进行统计，得出的结果也五花八门。

东线战场停战后，弹药短缺越来越严重，希特勒命新上任的帝国武装与弹药部部长阿尔伯特·施佩尔制订更有效率的经济需求计划。施佩尔的前任是弗里兹·托特，于 1942 年 2 月死于坠机。

施佩尔实行了所谓的中央计划政策。1943 年，帝国武装与弹药部变为装备与战时生产部。

结构调整的目的在于建立一个信息系统，从而能够更可靠地进行战争计划。帝国经济部在这其中起到了关键作用，它想起了曾经的经济景气研究所，该所在坐了几乎十年的冷板凳之后终于又可以参与到政府的工作中了。1941 年，研究所改名为德国经济研究所（DIW）。传统的经济景气研究似乎已经不再适用了，因为国家社会主义政策承诺人们，市场上将不再有经济波动。经济景气一词已经成为了一个充满政治色彩的概念。从此开始，经济研究所成为了战时经济规划最重要的数据来源。

经济研究所里的关键人物是罗尔夫·瓦根福尔，他自 20 世纪 20 年代起就在经济景气研究所里工作，现在是经济研究所工业经济研究处处长。自 1943 年起汉斯·凯尔担任装备部原材料处处长，他设法使瓦根福尔的研究处只为他的部门工作。瓦根福尔受命筹备装备部规划处的中心科室——规划统计科。直到这个时候，对德国的军备情况都还无法进行有效的统计。瓦根福尔的任务是，统计“所有可以用数字进行统计的内容”，并与不同领域的军备与机构的专家们进行协调。这项工作进行得非常顺利，尤其是瓦根福尔所咨询的许多统计学家过去都是在帝国统计局或者是在德国经济研究所工作过的人，他们“对自己的工作及其狂热”。瓦根福尔逐渐变成了装备统计学的权威。在战争最后的几个月里，他成为了德国经济研究所的副所长。

为了形成一个准确的规划基础，凯尔提出了非常极端的要求，他要求将各类物流印到一张巨大的图表中，像圣坛画像一样用类似三折册子的方式挂在一个房间里。除了这些挑选出来的工业领域的信息外，还有一个整体信息板块，其中包括关于经济总体状况以及国民收入的信息与数据。数据由研究所负责核算并进行评估分析。

这种将信息集中化并以此了解经济总体情况的做法，极少会有这么极端的形式。这种做法类似于米尔顿·吉尔伯特为进行国民生产总值核算而使用的经济鸟瞰图，只是形式上有所区别。正如图兹所说，将数据集中化到一间屋子里、集中化到“圣坛”般的展示图这一种形式，这本身也是一种权力的象征。

但是，这一切最后还是只留在了想法里：1943 年，虽然有这么一间收集所有数据与信息的房间，但是，这里实际上却没有那些原本应当送到这间屋子里的信息，现存的这些数据也是不完整甚至互相矛盾的，所以这些信息对于战争规划来说几乎没有意义。

在经济部被一次炮弹袭击击中以后，大量重要的文件都被毁了，经济研究所就成为了拥有全部德国经济相关信息的地方。而原来的帝国统计局在这期间更名为了统计控制中心，只用来执行普通的程序化工作。

## 国民生产总值的德国之路

第二次世界大战结束前不久，美国空军对同盟国空袭德国的效果进行调查。那时人们所了解的关于地毯式轰炸的影响，全都来自于轰炸机飞行员的目击报告以及侦察机提供的侦察信息。但这些信息并不能够给出准确的后果评估。因此，1944 年，美国准备进行一次战略轰炸调查，希望能独立且尽可能准确地对轰炸的各种后果进行分析。

经济学家约翰·肯尼斯·加尔布雷斯受托进行此次调查，他的任务是从统计学上了解德国战争经济动员情况以及经济被破坏之后的影响。加尔布雷斯任教于哈佛大学，是米尔顿·吉尔伯特以及理查德·吉尔伯特的朋友，他和这兄弟俩一样都是忠实的凯恩斯主义者。直到 1943 年，他一直都是美国物价管理局的局长，他最重要的工作就是分析国民生产总值的核算数据。加尔布雷斯对国民生产总值的核算方法极其熟悉，他曾自称，最晚从 1942 年开始，国民生产总值核算已经“融进我的血液里了”。

加尔布雷斯团队成员们的名字个个都是如雷贯耳。这些人中有很多名噪一时的经济学家，比如原籍匈牙利的尼古拉斯·卡尔多，后来成为了剑桥大学世界著名的经济学家；同样出生在匈牙利的还有提勃尔·西托夫斯基，他于20世纪70年代曾出版《不快乐的经济》一书，书中批判了美国社会对于经济增长及消费的过度重视；恩斯特·弗里德里希·舒马赫所著的《小的就是美的》一书与西托夫斯基的书同年出版，成为了反对一味信奉经济增长运动的经典之作。还有出生于俄罗斯的保罗·巴兰，大概是战后时期最著名的美国新马克思主义经济学家（加尔布雷斯曾说，巴兰也是唯一一位拥有终身教授职位的新马克思主义学家），1957年他出版了《增长政治经济学》，此书同样是批判经济增长的经典作品之一。另外，他的团队里还有爱德华·丹尼森，是除了米尔顿·吉尔伯特之外又一位美国国民生产总值核算的倡导者。

加尔布雷斯将他的团队亲切地称呼为国民经济系，他按照美国国民生产总值核算方法的分类将整个团队划分为不同领域，首先对德国每一个经济领域的生产数据进行计算。之后再计算轰炸对经济总产量的影响，然后分配到各个经济领域以及关键性产业上。

在战争的最后几周，加尔布雷斯的团队成员被指派到在德国战斗的盟军队伍中去。他们需要进行实地数据收集，并且需要找出他们必须咨询的机构以及决策者有哪些。很明显，因为他们需要对德国经济有一个全面的了解，所以想利用专家们的专业知识来对数据与统计情况进行评估。

加尔布雷斯审问了赫尔曼·戈林以及阿尔伯特·施佩尔，西托夫斯基和卡尔多在 1945 年 5 月审问了卡尔奥托·萨奥尔，他是施佩尔部里的国务秘书。萨奥尔告诉他们，在莱比锡还有关于军备生产的重要文件。在苏联红军接管莱比锡之前，西托夫斯基和卡尔多拿到了这些文件。

加尔布雷斯的团队驻扎在法兰克福附近的巴特瑙海姆，战争时期，帝国统计局的几个部门曾转移至此，其中最重要的就是帝国工业集团机械园的相关统计数据。其中有一个人对加尔布雷斯的工作起到了不可磨灭的贡献，这个人就是罗尔夫·瓦根福尔。

瓦根福尔是少数几个留在柏林的经济机构领导人之一，战事刚一结束就立刻被苏军带走。他负责为苏占区建设统计机构。苏联政府对瓦根福尔并不陌生。瓦根福尔的早期著作主要就是对苏联的统计学进行分析。有人甚至称他为“纳粹的烤牛排”——外黑里“红”。当他知道美国人要来审问他的时候，他立刻从西柏林搬到了苏联所占领的东柏林。

加尔布雷斯委托保罗·巴兰将瓦根福尔带回到巴特瑙海姆。巴兰曾在柏林读书，毕业后在苏联工作过几年，之后由于“持续的无纪律行为”被跟踪追捕，他只能逃出了苏联。巴兰集结了几个壮汉陪他一起到了柏林，在夜里把瓦根福尔从家里的床上绑走，用飞机将他带回了巴特瑙海姆。

但是，他们完全没有想到苏联对于这次绑架事件会有这么大的反应。马沙尔·朱可夫亲自找到艾森豪威尔将军，艾森豪威尔对此也非常愤怒。当加尔布雷斯正在考虑，审问完瓦根福尔之后如何再将他移交给苏联时，另一位团队成员自告奋勇愿意陪同瓦根福尔回去，他就是于尔根·库钦斯基。他出生在德国伍珀塔尔，其父也是著名的经济统计学家，他曾以德国共产党员的身份逃往英国伦敦，被伦敦的美国情报机构战略情报局（OSS）招募。他曾在柏林待过，认识瓦根福尔。他自告奋勇的理由是他想知道他自己的家和图书馆有没有被炸毁。

到柏林以后，苏联张开了双臂欢迎二人。库钦斯基完成了加尔布雷斯交代的工作后便搬到了东柏林。在东德，他成为了一位非常杰出的科学家，能直接影响政治最高层。瓦根福尔也做出了非凡的事业，但却是在铁幕的另一边：他离开了柏林，一开始为英占区的统计部门工作。后来他成为了欧洲煤钢共同体的统计处处长，获得了海德堡大学统计学的教授席位，并成为了第一任欧共体统计局的局长，也就是现在的欧洲统计局。库钦斯基终生都与瓦根福尔保持着联系，在为纪念瓦根福尔所做的贡献的一篇文章中，他称瓦根福尔为“统计学的高贵骑士”。①

① 在库钦斯基的回忆录里，他描写了他在进行战略轰炸调查时的工作，他直截了当地表达了他对加尔布雷斯的反感，但却没有提及他去柏林的原因。但他却提到了他利用在柏林的机会，与瓦尔特·乌布利希取得了联系。

对于加尔布雷斯来说，瓦根福尔是一个巨大的信息源。[①]他的信息为加尔布雷斯的数据版图补上了缺掉的一角，从而让加尔布雷斯的团队完成了德国的第一次国民生产总值核算。但讽刺的是，大部分参与此次核算的人在后来国民生产总值核算获得成功后都变成了这一算法最严厉的批评者。

统计与调查的结果让加尔布雷斯大吃一惊。由于德国方面当时没有类似于国民生产总值核算的统计方法，所以军队的领导层显然无法对德国的生产潜能进行正确的估计，更不用说利用这些潜能了。虽然他们收集了大规模的数据，但却没有能对其进行分析从而得出有效信息的钥匙。德国人并不反对国民生产总值的核算方法。在加尔布雷斯的总结报告中，他充满赞叹地写道，库兹涅茨及其后来者对于同盟国战争胜利的贡献显然不亚于几个步兵师。

## 德国的国民生产总值核算

根据马歇尔计划（欧洲复兴计划，简写为 ERP），西德需要进行国民生产总值核算。尽管在 1947 年就职于德国经济研究所（战后依旧被保留下来）的费迪南德·格吕尼西曾经进行过一次国民经济核算，但是美国人所提的这个要求的特别之处在于，国民生

① 瓦根福尔根据自己所掌握的信息，后来出版了《1939 年至 1945 年的战时德国工业》一书。他在装备部的老上司汉斯·凯尔也提及了这一点。

产总值的数值必须作为官方数据提交。这样就只有一个机构能够完成，即使这个时候的德国还根本没有组织起政府。

国民生产总值及其核算方法是在外部压力下引进德国的，从一开始就被设定为一项体现国家主权的任务。第二次世界大战结束后，德国的官方统计体系只能艰难地建立起来。战争带来的破坏、国家的分裂、各国占领区内的新统计机构、文件的不完整以及专家的不足，这一切都让完整、有机的统计变得更加困难。除此之外，德国的统计学家们也并不了解现代的国民生产总值核算方法，因为他们被排除在国际上关于国民收入核算的讨论范围之外，而且纳粹政府根本不关注国民收入核算。国民经济核算的引入对德国来说是一场“现代化的补习”。

1948 年 1 月在英美两国占领区形成一年后，英美联合经济占区统计局在威斯巴登成立，[①]统计局的任务是进行国民生产总值核算。但是该局缺少外部专家。因此 1949 年，剑桥大学成立了国民经济核算研究中心，由理查德·斯通领导。斯通有两位同事，其中一位叫让·维托尔德·马尔切夫斯基，他在威斯巴登的统计局成立后被派了过去，负责向德国统计学家们传授新的核算方法。之后，他又负责帮助法国以及意大利的统计机构进行核算。

① 直至 1950 年，法占区一直有其独立的统计机构。直到此机构关闭，才真正建立起德国联邦统计局。

当统计局准备开始进行核算工作时，却出现了一个问题。在帝国统计局的时候，国民收入核算仅仅是在税收统计数据的基础上完成的。而现在如果要用新的核算方法对 1948 年的国民生产总值从生产侧进行核算的话，就必须要知道1936年的产业普查结果，以此结果作为基础再进行其他的工作。

产业普查的数据存放于柏林中部的克洛斯特大街的工业生产统计处，一直到战争结束，统计处都位于这里，在统计局的主体建筑被毁时，里面的文件都被转移到了这里。柏林被一分为二之后，统计处划归苏占区，外人不得入内。“他们占据着材料，我们却拿不到。”后来的联邦统计局局长赫德嘉·巴特尔斯回忆道。大家无可奈何地把这个事情告诉了局里的一位美国军管军官。这位军官平时就特别“大胆”，他没怎么犹豫就想到了一个主意，他准备干脆把文件从苏联人的手上偷过来。以前在帝国统计局工作过的同事跟他详细地描述了关于产业普查的文件放在克洛斯特大街的楼里的哪个地方。这位官员偷偷闯进了统计处，“把所有文件都给我们偷了回来，”巴特尔斯回忆道，“他觉得特别骄傲，我们也非常非常地感激他。”

美国人第一次进行德国的国民生产总值核算时得把人偷走，而德国第一次进行官方核算时，已经进展到只需要偷文件就可以了。这次核算结果发表于 1949 年由统计局出版的杂志《经济与统计》上。这次核算是由“马歇尔计划国民经济收支平衡工作组”完成的，“此工作组包含联合经济占区统计局、经济与财政管理以及德国各州银行代表”。在这段首次对国民生产总值进行介绍的文字中，最简明扼要却最为关键的一句话是：“本次核算的方法参照的是在英国普遍使用的方法。”自此，美国与英国的国民生产总值核算方法开始了它们的世界征途。

但是首先要让德国人明白，国民产值这一概念到底意味着什么：“进行国民收入以及国民产值的核算能够让人们了解国家经济水平的总体状况，知道经济活动结果的数量以及人民生活舒适程度。国民收入或者国民生产净值指的是，一个国民经济体根据年初资本存量每年可供消费以及投资的商品与服务的总值。”

第一次对这些数字进行实际应用是于 1949 年所进行的特定社会阶层的实际收入与国民产值的对比，这次核算是第一次对产业工人收入情况所进行的核算，核算结果也同样发表在了《经济与统计》杂志上。这次核算让人回忆起了魏玛共和国时期由于收入分配调查而导致的非常紧张的国内局势，所以统计局认为这次核算也很“棘手”：

> 统计局希望大家能以统计的视角看待核算结果本身：这次核算是想要让大家了解一些最为重要的数值，而并不是给出一个评估。到现在为止的发展状况从社会角度来看是否令人满意，是否

符合经济目的，这些问题都不属于统计学的回答范围。

但是德国政府却对这个核算结果兴致不高，并没有出现像美国那样对于这一核算体系积极响应的情况。只有经济学家们又重新打起了关于核算体系是否有意义的阵地战，这一仗一直打到了20世纪50年代末。海德堡大学的国民经济学家维尔纳·霍夫曼曾写道，这些数字是“国民经济的微缩图”。他认为，这些已经做过手脚的数字，只能展现出“一派和谐的景象”，几乎没有反映出真实的情况，这种景象只能存在于计划经济体系内。

政府一开始也把国民经济核算同计划以及计划经济划在了一起，对这些数字持有极大的怀疑，尤其是经济部长路德维希·艾哈德。但是在法国，人们立刻就意识到了这一核算体系的重要性。借助这些数字不仅可以对经济重建做规划，人们还希望能够以此重新回到世界大国的层面上，避免再次出现类似于1940年被迅速打败的那种耻辱。人们从国民经济核算的账户体系中意识到了账户的力量。

不过，德国人的保守态度消失得也很快，因为国民经济核算作为一种信息工具，已经从多个方面证明了它自己的应用价值，尤其是能够确定经济总量这一点，对于政策的制定非常重要。比如财政部对国民产值感兴趣是因为，根据国民产值的情况可以计算出要为计划组建但后来又被放弃了的欧洲防御共同体（EVG）

支付多少钱。除此之外，通过这些核算也显示出了，统计对于税款查定基础、提出预算以及制订中期财政计划的意义。随着经济的不断增长，政府的怀疑态度彻底消失了，国民生产总值终于成为了最有力量的政治数字，政治算术也终于在德国获得了成功。

# 06 国民生产总值的最终胜利

## 变革、就业与生产力

国民生产总值在美国的公共政治领域里是一个褒义的概念。人们将其与第二次世界大战的军事胜利直接联系在一起。1942 年美国军备支出的大幅度提高是罗斯福总统“胜利计划”的一部分。

美国的战争策略是通过大规模军备生产来打败敌人，美国经济转型的成效以及军事战争的胜利都可以从国民生产总值的统计数额上看出来。正如历史学家罗素·韦格利在他的《美国的战争方式》一书中所描述的那样，第二次世界大战是一次“国民生产总值之战”。国民生产总值不仅仅代表着经济上的成功，更是军事与政治上的成功。战争一结束，国民生产总值又再一次证明了自己的价值。

如上所述，美国政府在战争结束前就意识到，由战时经济转回至平时经济意味着又一次要从根本上完成经济转型。罗斯福总统明确指出，统计数据在这个过程中是必不可少的。米尔顿·吉尔伯特以及美国商务部促使业界认识到，国民生产总值这一概念在和平年代同样适用。

第二次世界大战结束后不久，人们普遍已经意识到扩大生产以及提高国民生产总值的必要性。在美国，人们很害怕会再次出现经济大萧条时期那种政策无法控制的大规模失业的情况，因此力阻这种情况的发生。而且，自 19 世纪末起，人们心中的这种担忧就已经挥之不去了。在此之前，约翰·斯图尔特·密尔曾就经济发展过程的问题发表过看法，他认为，一旦工业化发展到末期，经济就不会再继续发展。但是由于之前人们经历过世界经济危机，所以尽管密尔的描述非常客观，但是人们还是认为这种发展过程意味着又一场噩梦的到来。除此之外，凯恩斯主义也曾提出过一条理论假设，即经济萧条以及随之而来的长期失业有可能会成为一种持续的状态。① 这一观点在学术圈中得到了较为广泛的认同，但是在工业领域以及企业家当中，这种观点依旧充满争议。

随着国民生产总值的提高，人们发现有办法应对这种由经济危机引发的恐惧心理。只要继续扩大生产，就可以避免让经济萧条成为一种无法继续发展的持续状态。1946 年，美国提出《就业法案》，将扩大生产列为政府工作目标，只有这样才能保证充分就业。在战争年代，从国民生产总值统计中可以看出军工的高产出可以创造就业机会；而在和平年代，消费品与投资货物产量的提高，亦可以催生更多的工作岗位。鉴于降低失业率主要是为了保

① 1938 年，剑桥大学经济学家阿尔文·汉森将这一场景描述得更加糟糕。

持社会和谐，那国民生产总值也就可以算作一个测量一个国家内政与社会稳定的标准。

在这种框架条件下，国民生产总值自然也引起了政府的注意。虽然国民经济核算的账户体系也包含很重要的统计信息，但是却只有国民生产总值自己成为了决定一切的数字，这个数字中隐藏着社会经济乃至国家状况的信息，它成为了政治讨论中无法回避的数字。

美国政治体系内发生了历史性的观念转变，人们开始相信，在未来，扩大生产也能像在战时那样既能保证就业率，又能提高富裕水平。人们对未来不再悲观，也不再充满恐惧，而是相信经济的不断增长一定会让生活越来越好。

1945 年乔治・特伯格出版的《经济成熟的妖怪》一书就是这一观点的典型代表，在书中，他反驳了经济萧条必现这一论点；1946 年，切斯特・鲍尔斯在其所著的《明天不再害怕》一书中清楚地写道，扩大生产是保证未来美国社会幸福的关键。在罗斯福总统实施新政时，人们普遍认为，不是所有的结构性与社会性问题都可以用经济政策来解决，但是，鲍尔斯认为人们完全可以放心地摒弃这种观点。鲍尔斯所强调的扩张，不是指要更好地利用闲置资源，而是指当时还不为人所知的经济增长这一概念。

1946 年，在《就业法案》的框架下，美国经济顾问委员会成立了，这是一个新型的美国总统顾问委员会。委员会里的经济学家们只有极少部分是纯粹的学者，大部分都有在政治领域或者私营企业的工作经验。他们虽认同凯恩斯主义理论，但并不盲从。

委员会创立并巩固了必须保证经济扩张及增长这一政治理念。委员会极力支持后来被人们称为经济发展政策的相关观点，即国民生产总值的增长应该成为国家政治工作的第一要务。经济增长成为了制定政策的关键因素，比收入分配以及其他社会参数更为重要，可以帮助解决美国的物质与社会问题。所以，政策可以被看作政治的生产力。

与罗斯福总统的新政以及凯恩斯主义的老式政治理论相比，这个观点可谓是极为新颖。因为没有清晰的理论基础，所以在当时的经济理论中经济增长这一观点几乎不存在。直到几年后，经济学家们才开始研究经济增长这一概念。委员会的成员们之所以会提出这一政治建议，是源于他们在战争以及战后时期的经验，他们的依据就是国民生产总值的统计数据。他们所传达的这些统计学知识对于制定经济政策来说，“其意义高于一切”。

在委员会出版以及发布的各种文件中，委员会总是会以国民生产总值的统计数据为基础进行论述，这让国民生产总值的概念在政治圈中得以广泛传播。自 1947 年起，委员会开始在其定期出版的《国家经济预算》中加入基于商务部新的账户体系而进行的简单的国民经济核算的内容。从中不仅仅可以了解到国民产值的组成部分，还可以知道私人家庭、企业、对外贸易以及政府占国民产值的比例以及各自的支出情况。1948 年，《纽约时报》的一位评论员曾非常兴奋地写道："这不是一个让人绞尽脑汁都想不明白的理论，这是一种简单的算术。"威廉·配第与科林·克拉克所梦想的以实证经验为基础的政治看起来终于得以实现了：算术战胜了理论，拥有了政治意义。

## 国际协调

在世界范围内，国民生产总值这一概念也变得越来越重要。如上文所述，马歇尔计划在这其中功不可没。《欧洲复兴法案》是马歇尔计划的法律基础，根据法案计划，美国设立经济合作署（ECA），负责国际援助的协调工作。合作署署长是曾任斯蒂旁克汽车公司董事会主席的保罗·霍夫曼。

1942 年，霍夫曼成立了名为"经济发展委员会"的智库，智库中的科学家与企业家们主要负责解决战时以及战后的各种经济问题。霍夫曼坚信，经济增长以及生产率的提高会极大地丰富和平时代的物质生活。在战争时期，斯蒂旁克公司除了生产汽车之外还生产飞机发动机及军用卡车。平时经济向战时经济的转变以及扩大生产会带来什么样的影响，霍夫曼再明白不过了。他相信，欧洲的未来也要依靠扩大生产。美国政坛中广泛流行着一种观点，即经济增长信条在任何国家都是适用的，包括了战败的德国。经济增长信条的反对者们在很长一段时间内都在与这一观点做斗争，他们想要为战后德国的工业扩张封顶，但最终还是失败了。

经济合作署任重道远，它既要评估西欧各个国家的经济状况，又要核算国家重建所需的资金，还要审查国际援助的援助结果。因为美国人在战时不仅估测了美国自己的经济与国防实力，还通过国民生产总值的统计数据对其他国家的情况进行了估测，再加上当时的战后重建工作主要依靠美国集中协调的方式来进行，因此，美国想要完成向被援助国索要相关数据继而进行国民经济核算这一工作的难度并不大。

根据经济合作署的要求，除了在剑桥建立了由理查德·斯通领导的国民经济核算研究中心外，还在巴黎建立了欧洲经济合作组织（OEEC），其主要任务除了发放救援款项之外，还包括确保统计信息的可比性。除此之外，斯通还受托要为欧洲经济合作组织设计一个简洁的标准化国民经济核算账户体系以及标准化培训计划，从而让各统计机构的员工们熟悉相关核算工作。

米尔顿·吉尔伯特在这其中也同样起到了重要作用。吉尔伯特与斯通自 1944 年第一次见面之后就成为了密友。吉尔伯特从 1950 年至 1961 年一直担任欧洲经济合作组织经济与统计司司长，主要负责国民经济核算工作。1952 年，欧洲经济合作组织发布了国民经济核算标准化系统，后来，又在此基础上形成了联合国的国民经济核算体系（SNA），这一核算体系经过不断调整，直到现在都是国民经济核算国际协调的标准文献。①

尽管有一些国家（荷兰、法国以及挪威）自行设计了国民经济核算体系，美国 1947 年制定的国民收入与生产账户（NIPA）与英国的账户与核算逻辑稍有不同，英国对米德与斯通于 20 世纪 50 年代所设计的体系进行了一点修改，但是这些不同的核算体系之间只有细微差别，基本核算方法都是一致的。尤其是对生产情况以及对国民生产总值的关注，在世界范围内取代了国民收入的地位，成为了新的最重要的政治标准。

马歇尔计划不仅对欧洲重建提供援助，还向各个国家普及了适当的统计核算方法。马歇尔计划展现了一个美好的前景。保罗·霍夫曼回忆道："马歇尔计划传递的信息是'你们可以变得和我们美国人一样'，宣传部门要向整个欧洲扩散这一消息。要让欧

① 自 1939 年起，国际联盟就已经开始收集不同国家的国民收入数据了。但这项工作因第二次世界大战而中断。在英国、美国以及加拿大就国民收入核算方法问题进行商讨表决后，1945 年 12 月，形式上还存在的国际联盟中的统计学家们在普林斯顿召开会议，准备重新开展因战争而中断的工作。理查德·斯通也在这次会议上向各国的统计学家们介绍了自己的账户逻辑，在座统计学家们都接受了这一建议。1947 年，国际联盟统计委员会出版报告《国民收入核算与社会账户建设》，之后，该报告又被联合国采纳。这个报告可以看作国民经济核算国际协调的基础。

洲人民了解到，美国的商店里顾客盈门，货架上商品充足，这都是因为生产率水平高而且工资待遇优厚，只要大家勤奋努力，这种富裕的生活在所有的国家里都可以复制。”

国民生产总值（总值或人均值）就是这一美好愿景的标准。国家之间可以通过国民生产总值的数值进行对比，同时，国民生产总值也是一个国家的重要目标：而人们设立的基准就是美国。理想状态是，不同发展程度的国民经济体不断向美国靠拢，不断趋同。19 世纪的大部分时间以及整个殖民历史都笼罩在启蒙运动所形成的进步模式之中，这种模式认为，由于文明进程是直线发展的，所以世界上不同的社会都要不断地靠近在社会以及文化方面都优于它们的西方文明，而现在，这种进步模式已经寿终正寝。而当这种新的趋同化发展到第二阶段时，才是社会与文化范畴。一致性首先是经济上的一致，并且是以人们自认为客观且不带有价值观的那些数字为导向，而这个追赶过程实际上就是国民生产总值数值上的接近过程。

## 经济增长理论

关注国民生产总值的增长，是将促进就业这一国内挑战与国际趋同化以及提高经济与政治实力的期待结合在一起。国民生产总值以及国内生产总值作为一种政治现象与经济增长的理念是分不开的。但是直到美国政界广泛意识到经济增长的必要性之后，现代经济增长理论才真正诞生。

古典经济理论虽然也信奉生产的提高并关注以物质为基础的经济增长概念；但是，后来的新古典经济学则更倾向于对自动进行平衡调节的市场规律，而不是对经济增长的动态过程进行建模。即使是在两次世界大战期间达到顶峰的经济发展趋势研究也是在寻找一种规律，想要对经济发展短期内的起伏过程进行解释。凯恩斯的理论在其诞生时关注的是当时世界经济危机下的就业不均衡，也同样不是长期的关于经济增长的理论。1946 年，凯恩斯在去世前不久就曾批判美国不应过度相信扩大生产就能带来长期的经济增长。

要过渡到现代经济增长理论，首先需要对凯恩斯的理论进行动态化，并与国民生产总值的提高联系到一起。科林·克拉克曾给国民收入的提高赋予了极大意义。他不仅通过人均收入对不同国家的经济实力进行了对比，还尝试分析需要满足什么样的条件，才能够为最多的人带来最快的经济进步。同时，他还发现，世界上很多地方的生产水平有待提高。克拉克认为，一个物质极为富裕的生活还遥不可及。身为坚定的实证经验主义者，他不能也不愿意建立一套自己的经济增长理论。

第二次世界大战期间，一些经济学家对某些国家经济实力为什么不同进行了分析。其中，一位出生于克拉科夫后又流亡到英国的奥地利经济学家对这个问题做了深入研究，他就是保罗·罗森斯坦·罗丹。1943 年，他在一篇文章中探讨了如何消除东西欧以及亚洲和欧洲之间的发展差距。他认为，解决的方法是在国际化分工框架下不断提高工业化水平。如果一个国家自身不能够完成这一水平的工业化，就应由外国资本输入来助其完成。罗森斯坦·罗丹的观点基于以下两个判断：其一，在这些国家里存在多余劳动力，这些多余劳动力可以被不断发展的工业领域所吸收；其二，他认为，大规模的工业化项目可以并且应该由国家来进行规划。

1944 年，罗森斯坦·罗丹又进一步深化了他的观点。在一篇关于地球上“经济落后”地区的发展问题的文章中，他引用了克拉克的观点，即实际人均收入是测量进步情况的唯一关键指标。同样，他也运用了克拉克关于国际收入发展情况的数据，借以证明，在过去几十年里，收入水平只在世界上少数几个国家有所提高。由于经济水平始终没有发展和提高，很多国家已经越来越不耐烦了。因此对于这些国家而言，援助手段应当能够直接促进它们的经济发展。为了避免未来发生冲突，还应当提高这些国家人民的收入水平及富裕程度。但是，为了让它们也能够“自己富起来”，国际资本输入是必不可少的。投资能够带来经济增长，经济增长又可以创造就业岗位，保证国内外政治的稳定。

凯恩斯的经济增长理论使经济增长这一概念得到了根本上的

理论创新，罗恩·哈罗德以及埃弗塞·多马的研究极大地推动了经济增长理论的发展。1939 年，哈罗德就在其文章《动态理论论文》（但在当时几乎没有引起关注）中列举了能够带来经济持续增长的条件，并做出预测，随着人们的注意力向经济增长率转移，世界将会发生一场“精神革命”。多马于 1946 年开始对此进行研究。他将经济增长理论直接与国民收入联系起来：“不需要成为凯恩斯主义者，就能够明白就业与国民收入有一定关系，国民收入又与投资有关。但是一旦投资开始发挥作用，就必然会涉及经济增长这一概念。”多马认为，投资既可以带来经济的增长，又可以带来国民收入的提高。对于多马而言，经济增长并不是政治目的，经济增长的目的是充分就业。

哈罗德与多马的文章推动了对经济增长率及其决定因素和影响因素的进一步推测与研究，也因此产生了一种乐观的观点，即通过相应的投资数额可以让经济增长率以数字量化。基于这种逻辑，经济增长就成为了投资的一种功能，那么人们就可以通过扩大生产产品（以及服务）的潜能来控制经济增长。那么战时以及战争结束后对于产品的重视被进一步加强。战后的欧洲百废待兴，投资及资本需求巨大，鉴于此，上述观点非常容易被接受。

这种想法自 20 世纪 50 年代起在很大程度上影响了当时出现的发展经济学以及发展援助政策。人们认为，正是在这些所谓的第三世界的国家中，可以通过大型的基础设施项目以及相应的工业项目来推动经济的发展，而且这种推动应由外部来施加。人们想把马歇尔计划的积极经验推广到世界上其他国家。这也是为什么许多经济合作署的工作人员成为了著名的发展经济学家。

同样，许多增长经济学家从一开始就不断努力，想要在联合国体系内将国民生产总值的增长定义为发展与进步。在这里，必须要提到的是诺贝尔经济学奖获得者阿瑟·刘易斯，他负责撰写了联合国早期关于发展问题的一些基础性文件，并于 1955 年出版了《经济增长理论》一书。他在书中提出，经济增长的问题最早是 1848 年由约翰·斯图尔特·密尔在其《政治经济学原理》中提出的，现在刘易斯对这个问题重新进行经济学角度的详细论述。他将经济增长定义为人均国民生产总值的变化率，经济增长对他来说等同于发展与进步。

充分就业不是提高国民生产总值的唯一目标。1945 年，《联合国宪章》第九章中，将充分就业以及更高的生活水平确定为所有国家追求的普遍目标。经济增长必然会带来就业率的提高，并因之改善物质生活水平。

1960 年，原欧洲经济合作组织改组为经济合作与发展组织（简称经合组织，OECD），在其成立文件中，将经合组织的任务确定为“保持经济高度且可持续化发展、保证就业以及不断提高生活水平”。提高国民生产总值、降低失业率以及提高物质富裕程度是当时西方人所信奉的三位一体的信念，而国民生产总值作为一个可视化的数据，其数值的提高可以用来证明其他两个目标也得以达成。

## 社会制度竞争中的经济增长

1949 年，时任布鲁金斯学会会长的哈罗德·莫尔顿指出，国民生产总值的提高之所以非常重要，不仅仅因为在美国还有很多家庭仍生活在物质匮乏的环境中，还因为国民生产总值的提高是军事实力的象征，而且对于“国家在国际大家庭内的威望也至关重要”。经济增长以及随之而来的物质富裕是在进行国家之间对比的时候，尤其是与苏联进行对比时的决定性区别。

西蒙·库兹涅茨也认为，充分就业以及欧洲与第三世界的发展问题不是经济增长理念获得政治成功最重要的标准。关键在于与苏联进行的竞争和冷战。苏联的口号是消除社会贫困，也就是说，社会中商品的供应充足而且物质生活普遍富裕。库兹涅茨认为，物质保障是共产主义的“世俗信仰”。资本主义与共产主义所选择的道路有所不同，而这两种社会制度都想证明，自己才能更好地满足人民的物质需求。

苏联晋升为核武大国，不仅仅意味着一场军备竞赛的开始，同样开始的还有对于世界经济霸权地位的争夺。1953 年，一篇发表于美国《外交事务》杂志上的文章提出警告称，苏联因其经济增长率的提高，有可能会超越美国。所有人都知道这会带来什么样的影响："这个问题的答案无疑在于经济领域。我们必须扩大生产，要让现在他们与我们之间的差距继续保持下去，不然苏联超越我们就只是时间的问题了。"

随着苏联在航天领域取得一系列的成功，无论是人造卫星的上天还是载人航天的成功，美国人越来越害怕苏联的经济与技术水平会不断提高，尤其是苏联领导人始终坚定地认为，苏联的工业发展速度比西方要快，不久就会超过西方。由于没有准确的数据，人们不知道是否真的应该严肃对待这一危机。但是美国人却因此开始担心了起来。美国中央情报局设立了一个单独的科室，专门根据苏联的各项统计数据对苏联的国民生产总值进行核算，并以此来与美国的经济实力进行对比。

自 20 世纪 50 年代起，发展援助政策就进入了国家政策范围，现在，该政策也开始带有恐惧共产主义的色彩了。人们认为，如果第三世界国家的国民生产总值不断提高，那么这些国家就不会皈依共产主义。1949 年，美国总统杜鲁门明确指出，要借助发展援助政策抵御共产主义。在第三世界国家里，专注于提高人均收入以及加速经济增长从一开始就带有强烈的政治色彩。

但是，国际间的竞争却不只是局限于两个超级大国之间。西欧国家之间也在互相对比各自的经济增长水平以及人均收入提高情况。1954 年，欧洲经合组织第一次用统一的核算方式对不同国家间国民生产总值情况进行了对比研究，1957 年，联合国借用了欧洲经合组织的数据也进行了类似的研究。

到了 20 世纪 60 年代，人们对经济增长的关注达到了顶峰。至此，凯恩斯提出的由政治进行主导、用数字说明的国民生产总值增长率终于获得了政治上的成功。美国民主党总统候选人约翰·肯尼迪在竞选时曾承诺，保证美国经济增长率达到每年 5%。在经合组织内部，也以数字形式确定了经济增长的目标。20 世纪 60 年代，经合组织将其成员国的经济目标定为总体经济增长达到 50%。1967 年，德国《经济稳定与增长法》正式生效。没有经济增长这一前提，就无法保证经济稳定：国家的经济与财政政策手段应符合“经济总体平衡的需求”，且应保证“经济的持续且适度增长”。

## 新时代的到来

西方社会不断提高国民生产总值的成果很快就超出了预期。20 世纪 50 年代末期，不仅经济上出现转型，社会也出人意料地开始发生转变。1958 年，约翰·肯尼斯·加尔布雷斯在其所著的《丰裕社会》一书中描绘了这个令人难忘的情景：

过去，经济学的发展只能先解决普遍贫困的问题，因为那时大部分的人们还生活在贫困之中。但是现在这个问题已经属于过去了。普遍贫穷这一社会问题已经不复存在。

过去，贫困一直与不平等问题紧紧地联系在一起。19 世纪，由于社会不平等现象严重，尤其是收入及财产分配的不均，导致社会上要求富人向穷人转让部分财产的呼声越来越高。但自由主义思想家与政治家们却认为，分配不均是一种必要但也是适当的社会弊端，只要是工作的人，就有权力享受他们的劳动成果。当时不断被提及的一个观点是，再分配会对社会起到负面作用，从而导致所有人的生活水平都被降低，其理由是，只有存在富人，才能积累足够的财富并进行投资，也只有这样才能为穷人提供工作岗位，简单来说，没有分配不均就没有社会进步。这与当年亚当·斯密的观点如出一辙。

但是到了 20 世纪 50 年代，这个问题似乎销声匿迹了。加尔布雷斯这样写道："在现代社会里，对于分配不均这一经济问题的关注度已经大幅下降，很少有比这更明显的事了。人们不再关心社会不平等的问题了。"在 50 年前没有比通过适当的税收来调整收入分配的讨论更为激烈的了，而现在这已经不再是一个政治问题。如加尔布雷斯所说，这并不是因为不平等程度得到了降低，而是因为充分就业以及工资上涨使社会底层的人们的生活水平得到了改善。因此，要求再分配的呼声也渐渐消失了，因为既然工资上涨了，那么这种呼声也就没有必要了。

加尔布雷斯认为，现代社会的历史特殊性在于，提高产品生产量直接改变了全部国民的经济状况，自然也包括了穷人的经济状况。以前，穷人们根本不关心产品生产得多少，因为这对于他们的生活没有直接影响。只有当个体察觉到扩大产量对自己的好处时，他才有动力改善自己的消费、生产方式或者对技术革新做出贡献。

因此，在发达的国民经济体中，扩大生产及其所带来的国民生产总值的提高就成为了再分配的一个替代性途径。从历史角度来看，扩大生产是让社会团结的黏合剂。扩大生产能够缓和因分配不均所导致的社会紧张局势。集中精力扩大生产就像魔法一般，让穷人和富人都相信了这一政策的好处：提高国民生产总值是一种裨益贫富双方的办法，社会各阶级也就此达成共识。

贫穷社会阶层的生活得到不断改善并不是空话，而是有数字证明："不是收入再分配，而是这几十年来的增产措施带来了大量的物质财富，也带来了普通人所能享受到的福利。"经济增长的结果简直让人难以置信：这次历史上独一无二的国民生产总值的大幅提高不仅让物质财富成倍增加，从而解决了社会贫困问题，还让关于谁能拿多少钱、谁应该给谁多少钱这种讨论从此销声匿迹。

在加尔布雷斯的书出版一年前，路德维希·艾哈德出版了《大众的福利》一书，他在书中以德国为例，描述了国民生产总值的提高所能带来的社会变革的力量。

艾哈德认为，在世界大战开始前，只有少数上层社会的人能够拥有一个高标准的物质生活。因此，国家经济政策应当首先创造条件，“让我国越来越广泛的社会阶层都能过上富裕的生活”。因此，需要将“老式保守的社会结构”彻底改变，同样应该被消除的还有“贫与富之间的隔阂”。

艾哈德的基本想法是“提高人民富裕水平不应当通过进行国民产值再分配这种没有结果的争吵，而是通过发展经济来实现”。艾哈德引用的数据证明了他的观点。书中的第一个表格介绍的就是德国国民产值在 1936 年至 1956 年间的发展情况，从 1949 年至该书出版，德国国民产值翻了一番。对此，艾哈德认为：“这一政策所带来的无可争辩的成功教导我们，一个国民经济体应该将所有可支配资源都用在增加国民经济的收益上，而不是在收入分配战上浪费时间，从而背离提高国民产值这一唯一有效的道路。每个人从一个日渐增大的蛋糕中分得更大的一块要比在一个小蛋糕的争夺中分得一块容易得多，因为用后一种方法任何利都是以弊为代价的。”

除此之外，在这段时间里，德国个人消费水平的增长情况远高于欧洲经济合作组织中的任何一个国家："即使我国社会制度发生了最革命性的变革，也绝不可能让这部分或者那部分人的私人消费得到哪怕是仅仅占有实际增加值一小部分的提高；因为，正是这种企图可能会使国民经济陷入瘫痪和停滞。"而如果有人企图进行更合理的国民生产总值的分配（在书中，艾哈德在合理二字上加上了双引号），那么这些人就都是"损人利己"这一极为可恶的思想的追随者。

自 1954 年起，德国就已实现充分就业，艾哈德认为，这是自 20 世纪 30 年代世界经济危机后"最理想的目标"。对他来说，对物质商品永不停息的追求是社会进步以及民主化的保障。尽管艾哈德脑中所浮现的物质商品在今天看来都是很普通的东西，如冰箱、洗衣机和吸尘器，甚至是一辆汽车，但是日益增长的消费对"幸福、繁荣世界发展"的作用仍不可小觑。

在追求生活水平的提高时，"大家关注的不是收入分配的问题，而是关于生产以及生产率的问题"。问题的答案在于"国民生产总值的成倍增加"。艾哈德继续写道：

> 我们的目的并不是要建立一个埃及金字塔，每一台新机器、每一座正在运行的发电厂、每一个新增的工作岗位以及所有其他能够提高生产的手段，归根结底都是为了丰富所有在社会市场经济范围内生存的劳动人民的生活。我将永不疲倦地努力，让越来

越广泛的人民并且最终争取让各阶层民众都能分享经济发展的成果。

提高国民生产总值会实现一项历史上从未有过的目标，即“大众的福利”。要让这一目标成为可能，首先要摒弃老的经济周期思想，这个所谓“颠扑不破”的理论会带来无法估量的社会后果。从20世纪40年代后期开始，这条永恒的经济起伏规律好像已经消失了，取而代之的是充分就业以及经济的持续增长。国民生产总值的提高是通往幸福生活的康庄大道。

加尔布雷斯与艾哈德在他们的论述中都表达了一种经济学的传统观点。亚当·斯密所期盼的以生产力的不断提高以及生产的不断扩大为基础的“共同繁荣”看起来终于要实现了。虽然二人都没有深入探讨斯密的观点，但是却都描绘了一幅同这位经济学创始人在其《国富论》中描绘的一模一样的画面。二人也同样支持阿尔弗雷德·马歇尔与亚瑟·庇古所宣扬的通过物质富裕及扩大生产来解决社会贫困的方法。而现在，则是将一个普遍的理论基础假设变成了一个具体的可测量且可控制的机制。商品产量的提高带来的成果是极为明显的。

对于追求经济不断增长是否会导致“腐朽的物欲横流”这一问题，艾哈德做出了如下回答：

矛盾的是，富裕水平的提高能够“使人们摆脱原始的实利主义的思维方式”。只要人们“为日常生活而发愁”，那么他们这种追求物质的行为就不足为怪了；与此相反，富裕才会让人们认识到“尊严”以及“自我”，这样才“能从实利主义的思想中解脱出来”。社会应努力保证经济的不断增长，这样才能让社会底层成员在精神文化层面有所发展：“越来越享受更多消费的那些阶层也不应该受到指责，因为他们现在可以购买的商品首先只是满足他们的渴望，或者因为他们在这个阶段还根本不能够在满足自身需求的时候把精神的、灵魂的、文化的和物质的价值摆在适当的位置上。随着社会存在保障水平的提高，他们必然会更多地认识到，要能够更好地区分善恶以及有价值与无价值。”

物质富裕不是最终目标，但却是通往目标的方式。人们最终会希望“看到自己的生活达到了更高的水平……而不满足于吃到更多的牛排和煎肉”。目的是让人们能够“重新评估他们的生活方式”。但这终究不是经济政治家的职责。无论如何，终究会有那么一天，人们不再认为只有物质富裕的提高才会带来幸福的生活。

对于路德维希·艾哈德来说，达到这一目标还有很长的路要走。因为德国的国民产值以及物质生活方式首先要达到美国的标准才行，这对他来说也是毫无疑问的。

Die Macht der einen Zahl

Eine politische Geschichte des Bruttoinlandsprodukts

# 07 总结

20世纪60年代，就在提高国民生产总值的必要性好像终于获得了世界范围内的政治成功时，却突然又有人开始质疑它了。引起社会批评的不仅仅是通过提高生产带来不断增长的物质富裕以及随之而来的日趋明显的社会及生态后果，国民生产总值本身及其核算方法也都开始受到质疑。当西方大部分国家的人民不再“为柴米油盐而发愁”时，批评的矛头也指向了物质增长支配一切这一观念以及以美国为标准的“大众消费时代”（沃尔特·罗斯托）的合理性。

艾哈德所预言的人们从“实利主义的思想”中解脱了出来，好像成为了现实：对国民生产总值以及无限的经济增长的批评之声越来越大，且不绝于耳[①]。但是，国民生产总值（自20世纪90年代后变为GDP）以及经济增长始终是我们（政治）生活的中心这一点并没有变。GDP一直以来都是最重要的“一个国民经济体内经济能力以及福利发展水平的分析指标”，而且现在GDP作为一个国家之间进行对比的标准，比以往任何时候都更为重要。“从

① 关于国内生产总值以及国民生产总值的历史发展概况请参见洛伦佐·费尔拉蒙蒂所著的《GDP究竟是个什么玩意儿：GDP的历史及其背后的政治利益》一书。

GDP 开始出现到现在，曾有很多人质疑过它存在的理由，但 GDP 始终逃过这些诘责”，因为事实一次又一次地证明，它对于政治来说具有利用价值。

这个结果与威廉·配第曾设想的完全相同。国民生产总值以及 GDP 的成功让他的政治算术理想得以实现。配第曾梦想着，在将来的某一天政策的制定会以数字和实践为基础，这些数字能够解释世界上各种奇妙与复杂的发展过程，巩固国家统治，提高统治者声誉，还能改善人类命运。但在配第的年代里，这一切看起来都只能是幻想。

在经济大萧条期间，人们开始关注国民收入统计，因为人们已经无法理解经济学的“奇妙的发展过程”了。但这时的国民收入核算并没有发展成完整的政治算术。尽管科林·克拉克推动了国民收入的核算，证明了国家之间进行收入对比的必要性，并第一次从理论角度论证了进行经济增长分析与核算的意义，但是他的想法并没有帮他遂愿，建立起现代政治算术体系。

在 GDP 的历史上，西蒙·库兹涅茨是配第的一位反对者。他的国民收入理论与核算方法都太过谨慎，未能成为对政府非常有用的工具。直到后来，他在商务部工作的学生们借助凯恩斯的理论将他的想法变成了经济过程的统计方法的时候，直到因为人们意识到经济应当适应战争需要而急需转型，从而使政治的关注点从国民收入转向了商品产量的时候，通过数字来理解经济状况的做法真正地成为了政治算术——这一由政府定义的数字体系为政府利益服务，能够记录政府行为并为政府行为提供合法性基础。

随着国民生产总值的成功，人们的关注重点随之转移到生产之上，过去的统计学手段同时成为了预测及政府进行规划的工具。在战时规划中，国民生产总值证明了自己的价值，而且在战后它也让人们意识到，要解决当时政府面临的挑战，无论是充分就业还是解决社会贫困，都要依靠扩大生产。保证国民生产总值的持续增长成为战后政治的需要。

同时，美国借助于马歇尔计划以及其他发展援助政策不仅将国民生产总值这一概念及其核算方法推广到了世界各地，而且还将其以经济增长为导向的意识形态传播到了它的政治影响范围中。因此，全世界都开始广泛使用一种统一的经济状况量化以及分析方法。无论是以人均国民生产总值还是以经济增长率的形式表现出来的国民生产总值，都变成了描述国家状态最简洁的标准参考。

国民生产总值或者人均国民生产总值的数值都能够反映出一个国家政治、经济以及军事实力。经济增长水平不仅可以将美国与苏联的对比过程量化，还可以得出两方面的结果：其一，美国是经济实力的国际标准，所有其他国家（尤其是西方国家）都以美国为导向；其二，世界上所有国家都可以达到美国的富裕水平，前提是其国民生产总值保持持续不断的增长。各个国家的长期目标是生活水平的国际趋同化，对于发展中国家来说也是一样。

人们越来越认为经济的持续不断增长非常重要。第二次世界大战结束后的几十年里，扩大生产不仅解决了充分就业，提高了人民物质生活水平，而且还像加尔布雷斯以及艾哈德所预言的那样带来了未曾料想的社会变化。经济增长带来了社会的现代化，也解决了一个几十年来的各种争论，比如关于收入分配、改革及社会问题的解决。经济增长的概念获得成功后，配第几百年前提出的政府工作口号也终于得以实现，即让人们过上一个和平且富足的生活。古典经济学家如亚当·斯密、阿尔弗雷德·马歇尔、亚瑟·庇古等都认为，扩大生产是解决社会问题的关键，现在看来他们的观点也都得以证实。

所以说，国民生产总值及其增长水平从来都不是单纯的信息工具。国民生产总值之所以能够在政治圈里被广泛接受，是因为它与特定的政治目标有关。在很长一段时间内，国家的政治目标都通过扩大生产得以实现，国民生产总值的地位也因此得以继续巩固。持续经济增长的政治信条认为，只有国民生产总值的增长才能保证各种不同的问题得以解决，并且当一个国家拥有较高的国民产值或者高水平的人均收入时，这个国家就能够在世界范围内赢得尊重。

但是就算不考虑与国民生产总值或GDP相关的政治目的，我们也可以理解为什么GDP仍然会在政治上获得成功。GDP能够用客观的数字形式向人民展现出一个看起来十分公正且不带有意识形态与价值观色彩的经济过程。这个数字需要根据一定规则进行统计与核算，从而让其透明且便于理解。GDP是许多统计数值相加的结算，其信息密度之大在公共统计学历史中绝无仅有。而且GDP还可以用来进行短期的（如一年或一个季度）的核算，这对于政府来说比只能通过长期统计才能得出的数字有用得多。

国民生产总值的观点传播得越来越广，它"作为一个能够帮助理解并解释经济未来发展情况的概念非常重要"。但约瑟夫·熊彼特并不支持这一观点。对他来说，国民产值"不像是价格水平，它完全是凭空想象的产物，根本不应该存在，统计学家们就不应该把它设计出来。它对于我们来说就是一堆毫无意义的数字，在很大程度上它就是一堆杂乱无章、惹人讨厌的数字，大部分问题它都解决不了"。

正像本书开篇所讲的那样，萨科齐也诟病对数字的狂热崇拜，正是因为执着于经济增长才会带来这种狂热。萨科齐还批评说，人们把GDP和现实情况混为一谈。莱昂内尔·罗宾斯也在20世纪30年代发表过类似的看法，他认为进行国民收入核算只是一种核算传统而已。

这个传统是一个长期的政治调整过程的结果，在这一调整过程中，国民生产总值作为经济过程的现实反映也慢慢被人们所接纳。国民生产总值越成为西方政治文化中的一部分，人们也就越会忘记国民生产总值的诞生及核算背景。摩西·赛尔昆曾就此描述：

> 当我们用这个方法开始进行核算时，就很容易诱导我们忘记这一核算方法是人工造出来的，这个数字汇聚了无数个体的决定，但这个数字既没有体现出所有人的意志，也没有反映出他们的行为。

西蒙·库兹涅茨也批评称，这个国际性的核算传统磨灭了世界的多样化，因此不可能用一个叠加而成的数字来进行不同国家之间的对比，想要把国民生产总值建成一个国际标准是行不通的。政府层面也出于库兹涅茨和克拉克的顾虑认为上述方法行不通，因为他们二人疑虑是否应该将政府行为纳入国民生产总值核算中去。但是，防止 GDP 成为政治算术的最大阻力来自库兹涅茨，他认为，人们应当不断重新理解所有经济行为的意义与目的，因为人们对经济活动的定义会不断变化，所以也应该不断对核算方法做出相应调整。

对库兹涅茨来说，经济活动的中心是人及其福利。因此他希望国民收入核算应以人们的收入水平为导向。而关注生产出来的商品的价值就是完全忽视了这一方面。库兹涅茨认为，关键是一个国家的福利情况是否会随着时间而变化，而不是市场上的商品数量。

当今国际上人们在设计一个全新的社会福利水平核算方法，它可能与 GDP 并行或者是替代 GDP，从这点上人们都会发现，库兹涅茨的想法有多么地正确，吉尔伯特以及配第曾嗤之以鼻的那些哲学以及道德的讨论是多么重要。因为在这些讨论之中，人们会找到评判人类幸福的另一种尺度，这些讨论也会对所有经济行为的真正意义这一根本性问题重新进行审视与讨论。GDP 终归只是一个描述“世界上各种奇妙的发展过程”的一个形式，而且看起来也不再是一个让所有人都满意的描述方法。

GDP 以及经济增长的概念诞生于一个全球政治状态非常特殊且充满挑战的时代。正是在当时的全球政治互相作用的结果下，GDP 这一概念才获得了政治上的成功。通过回顾 GDP 的诞生史，我们希望能够引发人们思考，GDP 增长是否像人们所想的那样能够应对 21 世纪的挑战。同时，借助 GDP 的成功史也想告诉那些想要用新的核算方法来代替 GDP 的人们，想要重复 GDP 的成功历史、废除一个如此有权力的数字多么艰辛。

# 参考文献

[1] 美国商务部经济分析局编著的《GDP：20世纪最伟大的发明之一》，2000年发表于《当代商业纵览》。

[2] 约瑟夫·斯蒂格利茨、阿马蒂亚·森与让-保罗·费图西合著的《对我们生活的误测：为什么GDP增长不等于社会进步》，2012年收录于《法国经济表现和社会进步测度委员会报告》。

[3] 尼古拉斯·罗斯与彼得·米勒合著的《超越国家的政治权力：政府的问题》，1992年发表于《英国社会学期刊》。

[4] 保罗·斯杜邓斯基所著的《国家收入——理论、计算方法与分析：过去与现在》。

[5] 德国联邦统计局所编的2012年《统计年鉴》。

[6] 德国联邦统计局网站 http：//www.destatis.de/DE/Meta/AbisZ/BIP.html 关于GDP的定义解释。

[7] 2013年发表于《委员会出版》的《增长率、富裕水平及生活质量调查委员会第一项目组结算报告增长率对于经济和社会的意义——反对党报告》。

[8] 波特伦·谢弗德、丹尼斯·奥布莱恩、阿尔弗雷德·威廉·科茨与

托尼·阿斯勃姆伍格斯合著的《古典应用国民经济学简明教程》。

[9] 查尔斯·亨利·赫尔所著的《威廉·配第的经济学著作》。

[10] 安托因·墨菲所著的《宏观经济学的起源：从威廉·配第爵士到亨利·汤顿》。

[11] 斯蒂芬·高科罗纳所著的《弗朗西斯·培根以及早期现代哲学的转型》。

[12] 威廉·配第所著的《爱尔兰的政治解剖》。

[13] 克劳福德·古德温所著的《政治经济学史》。

[14] 参见《马克思恩格斯全集》。

[15] 西奥多·波特所著的《1820—1900年统计思维的崛起》。

[16] 彼得·米勒所著的《数字治理：计算性实践的重要性》，2001年发表于《社会研究》。

[17] 亚当·斯密所著的《国富论》。

[18] 安德烈·瓦诺利所著的《国民经济核算史》。

[19] 亚当·斯密所著的《道德情操论》。

[20] 萨利姆·拉希德所著的《马尔萨斯的理论及英国的经济思想（1820—1835）》，1981年发表于《政治经济学史》。

[21] 亚瑟·塞西尔·庇古所著的《福利经济学》。

[22] 莱昂内尔·罗宾斯所著的《论经济科学的性质和意义》。

[23] 杰拉尔德·梅尔与杜德利·西尔斯合著的《发展的先驱者》。

[24] 安格斯·麦迪森所著的《科林·克拉克之前与之后的宏观经济学测量方法》。

[25] 乔治·彼得斯所著的《科林·克拉克（1905—1989）：经济学家及农业经济学家》。

[26] 科林·克拉克所著的《国民收入 1924—1931》。

[27] 科林·克拉克所著的《国民收入和支出》。

[28] 科林·克拉克所著的《经济进步的条件》。

[29] 科林·克拉克所著的《地球不会挨饿——养活世界人口》。

[30] 杰拉尔德·梅尔与杜德利·西尔斯合著的《发展的先驱者》。

[31] 邓肯·艾恩芒格、詹姆斯·帕金斯与陈凡和合著的《国家收入与经济发展：纪念科林·克拉克》。

[32] 科林·克拉克所著的《苏联统计学评论》。

[33] 唐·帕廷金所著的《凯恩斯与计量经济学：在两次世界大战期间的宏观经济学革命之间的相互作用》，1976 年发表于《计量经济学》。

[34] 约翰·梅纳德·凯恩斯所著的《就业、利息和货币通论》。

[35] 约翰·梅纳德·凯恩斯所著的《如何筹措战费》。

[36] 本杰明·米特拉·卡恩所著的《经济的重新定义：经济学与国民经济核算史》。

[37] 埃尔文·罗特巴特所著的《英国的收入与财政潜力》，1939 年发表于《经济学杂志》。

[38] 罗恩·哈罗德所著的《约翰·梅纳德·凯恩斯的一生》。

[39] 安格斯·迪顿所著的《约翰·理查德·尼古拉斯·斯通（1913—1991）》，2002 年发表于《英国科学与学报》。

[40] 詹姆斯·米德与理查德·斯通合著的《国民收入、支出、储蓄以及投资表格的构建》，1941 年发表于《经济学杂志》。

[41] 摩西·塞尔昆所著的《GDP 作为衡量经济福利的标准》，2011 年发表于《国际经济研究中心工作论文第 3 号》。

[42] 佐尔坦·肯尼西所著的《国民经济核算》。
[43] 西蒙·库兹涅茨所著的《经济增长与收入不平等》，1955 年发表于《美国经济评论》。
[44] 海因茨·沃尔夫冈·阿恩特所著的《滴入式理论的神话》，1983 年发表于《经济发展与文化变迁》。
[45] 维巴·卡普里阿·弗曼与马克·佩尔曼合著的《经济历史学家的经济学家：回忆西蒙·库兹涅茨》，1995 年发表于《经济学杂志》。
[46] 马尔科姆·拉瑟福德所著的《谁害怕亚瑟·伯恩斯？国家经济研究局以及基金会》，2005 年发表于《经济思想史杂志》，27/2。
[47] 尼古拉·康德拉捷夫所著的《经济生活中的长期波动》，1926 年发表于《社会科学与社会政策档案》。
[48] 安格斯·麦迪森所著的《从 1500 年至 2001 年世界经济发展轮廓及宏观测量手段》。
[49] 罗斯玛丽·麦卡斯与理查德·凯恩合著的《美国国民收入及产品统计：经济大萧条及第二次世界大战的诞生》，2007 年发表于《当代商业纵览》。
[50] 卡罗尔·卡尔森所著的《美国国民收入和产品账户的历史：一个分析工具的发展史》，1975 年发表于《收入与财富评论》。
[51] 美国参议院所编的《国家经济委员会的成立：关于第 6215 号事项的听证会（第 71 次国会会议）》。
[52] 美国参议院所编的《国民收入估算及其分布》，1932 年发表于《参议院杂志》。
[53] 艾德温·赛里格曼与阿尔文·约翰逊合著的《社会学研究百科全书》。

[54] 西蒙·库兹涅茨所著的《国民收入（1929—1932）》。

[55] 西蒙·库兹涅茨所著的《国民收入与资本形成（1919—1935）》。

[56] 克拉克·沃伯顿所著的《国民生产总值及其组成部分（1919—1929）》，1934 年发表于《美国统计协会期刊》。

[57] 米尔顿·吉尔伯特与乔治·贾斯雷合著的《国民产值以及收入统计数据作为对经济问题的援助》，1944 年发表于《丹斯评论》。

[58] 米尔顿·吉尔伯特所著的《战争支出与总产量》，1942 年发表于《当代商业纵览》。

[59] 西蒙·库兹涅茨所著的《国民收入的新版本》，1948 年发表于《经济与统计评论》。

[60] 米尔顿·吉尔伯特、乔治·贾斯雷、爱德华·丹尼森与查尔斯·施瓦茨合著的《国民收入的测量对象：对库兹涅茨教授的回答》，1948 年发表于《经济与统计评论》。

[61] 西蒙·库兹涅茨所著的《战争时期的国民产值》。

[62] 米尔顿·吉尔伯特所著的《国民产值、战争以及战前：对库兹涅茨教授的研究的一些评论以及对库兹涅茨教授的回答》，1944 年发表于《经济与统计评论》。

[63] 爱德华·丹尼森所著的《关于国民收入核算的三方讨论报告》，1947 年发表于《收入与财富研究》。

[64] 西蒙·库兹涅茨所著的《经济增长的测算》，1947 年发表于《经济史杂志》。

[65] 亚当·图兹所著的《统计学与德国（1900—1945）：现代经济学知识的形成》。

[66] 亚当·图兹所著的《魏玛时代的统计经济学：恩斯特·瓦格曼、帝国统计局以及德国经济研究所（1925—1933）》，1999 年发表于《经济史评论》。

[67] 罗尔夫·克林吉尔所著的《1925 年至 1979 年的德国经济研究所》。

[68] 卡尔·德赫所著的《经济理论文集（第一卷）：国民收入与人民财富》。

[69] 约瑟夫·熊彼特所著的《商业周期：资本主义过程的理论、历史和统计分析》。

[70] 克劳斯·沃伊所著的《国民经济核算的范畴（第四卷）：1945 年后的国民经济核算史》。

[71] 恩斯特·瓦格曼所著的《世界经济的结构与周期：世界经济景气学基础》。

[72] 厄内斯特·多布林所著的《战时德国国民收入核算》，1946 年发表于《收入与财富研究》。

[73] 莱纳·弗雷姆德林与莱纳·斯坦格林合著的《1936 年产业普查作为德国新的国民经济核算的基础》。

[74] 英国情报局目标委员会（BIOS）所编的《关于德国数据统计报告方法的审讯与报告座谈会》。

[75] 德国经济研究所（DIW）所编的《学者的共和国与智囊团：1925 年至 2012 年的德国经济研究所》。

[76] 汉斯·凯尔所著的《第三帝国的危机管理者——六年和平——六年战争——回忆》。

[77] 诺曼·卡森斯所著的《美国映像：统计摘要百年纪念》。

[78] 约翰·肯尼斯·加尔布雷斯所著的《我们时代的生活：回忆录》。

[79] 君特·门格斯与莱纳·茨维尔合著的《世界经济与社会统计学对比的问题：纪念罗尔夫·瓦根福尔》。

[80] 亚历山大·努泽纳德所著的《经济学家的时间：1949 年至 1974 年的德国科学、政治及专家文化》。

[81] 弗朗索瓦·富尔凯所著的《账户的力量：国民经济核算史及其规划》。

[82] 奥托·舒利所著的《马歇尔计划 1948—1949 第一年度德国国民收入、国民生产总值以及收支平衡情况》，1949 年发表于《经济与统计》。

[83] 奥托·舒利所著的《马歇尔计划 1936 年及 1948 年下半年联合经济占区的国民收入与国民生产总值情况》，1949 年发表于《经济与统计》。

[84] 赫德嘉·巴特尔斯所著的《真实的工资与国民产值水平》，1949 年发表于《经济与统计》。

[85] 罗伯特·柯林斯所著的《更多：美国战后的经济增长政策》。

[86] 科林·克拉克所著的《经济发展政策》。

[87] 西蒙·库兹涅茨所著的《关于经济增长理论》。

[88] 南希·拉格尔斯与理查德·拉格尔斯合著的《国民经济核算与经济政策：美国及英国的体系》。

[89] 理查德·格里菲斯所著的《探索欧洲经济合作组织的历史》。

[90] 保罗·罗森斯坦·罗丹所著的《东欧及东南欧工业化问题》，1943 年发表于《经济学杂志》。

[91] 保罗·罗森斯坦·罗丹所著的《经济落后地区的国际化发展》，1944 年发表于《国际事务》。

[92] 罗恩·哈罗德所著的《动态理论论文》，1939 年发表于《经济学

杂志》。
[93] 海因茨・沃尔夫冈・阿恩特所著的《经济增长的上升与下降》。
[94] 埃弗塞・多马所著的《资本扩张、增长率以及就业》，1946 年发表于《计量经济学》。
[95] 阿瑟・刘易斯所著的《经济增长理论》。
[96] 哈罗德・莫尔顿所著的《经济发展的控制因素》。
[97] 华尔特・惠特曼・罗斯托所著的《经济成长的阶段：非共产主义宣言》。
[98] 约翰・肯尼斯・加尔布雷斯所著的《丰裕社会》。
[99] 路德维希・艾哈德所著的《大众的福利》。
[100] 罗尔夫・克洛克所著的《国内生产总值作为衡量富裕水平的标志还不过时！》，2011 年发表于《德国经济信息研究所快速服务》。
[101] 理查德・拉格尔斯所著的《国民收入与收入分析介绍》。
[102] 摩西・赛尔昆所著的《GDP 作为经济福利的尺度》。
[103] 西蒙・库兹涅茨所著的《国家收入与经济福利》，1953 年发表于《经济变革：经济周期、国民收入与经济增长文选》。

Die Macht der einen Zahl: Eine politische Geschichte des Bruttoinlandsprodukts

ISBN: 978-3-518-12673-8

北京阅想时代文化发展有限责任公司为中国人民大学出版社有限公司下属的商业新知事业部，致力于经管类优秀出版物（外版书为主）的策划及出版，主要涉及经济管理、金融、投资理财、心理学、成功励志、生活等出版领域，下设“阅想·商业”“阅想·财富”“阅想·新知”“阅想·心理”“阅想·生活”以及“阅想·人文”等多条产品线。致力于为国内商业人士提供涵盖先进、前沿的管理理念和思想的专业类图书和趋势类图书，同时也为满足商业人士的内心诉求，打造一系列提倡心理和生活健康的心理学图书和生活管理类图书。

## 阅想·商业

### 《世界金融简史：关于金融市场的繁荣、恐慌与进程》

- 一部深刻剖析500年来金融大事件的史诗巨著。
- 汇集近五个世纪著名金融事件，从历史维度窥探金融发展，以金融视角回顾历史进程。
- 深刻挖掘了贪婪和恐惧是如何影响金融市场甚至人类进程的。

### 《美国供给侧模式启示录：经济政策的破解之道》

- 华盛顿智囊团——信息技术和创新基金会领袖人物以时代前沿的宏观视角，深刻剖析美国供给侧模式的经验教训以及未来出路，探究21世纪新知识经济下更为有效的经济政策。
- 有助于理解中国供给侧结构性改革的必然性与合理性。
- 中央编译局世界发展战略研究部副主任、研究员丁开杰作序推荐。

**《共享经济商业模式：重新定义商业的未来》**

- 本书作者是欧洲最大的共享企业 JustPark 的 CEO，他首次从共享经济各个层面的参与者角度、全方位深度解析了人人参与的协同消费，探究了共享经济商业你模式的发展历程及未来走向；
- 共享经济是一种怎样的商业模式？我们为什么要共享？投资者如何看待共享？传统企业如何融入其中分得一杯羹？政府应该如何监管？未来如何共享？共享型企业的创始人现身说法，告诉我们建立共享企业的经验教训有哪些。对于任何有意创建或投资协作消费企业的人来说，本书都给出了重要的建议。

**《隐秘的商机：如何预测和整合未来趋势 》**

- 《华尔街日报》畅销书，2015 年亚马逊商业类、营销类以及创业类畅销书排名第一。
- 世界知名的市场营销博客博主最新力作。
- WE Group 威汉营销集团创始人、CEO 作序推荐。

**《战略思维与决策：优化商界与日常生活中的竞争策略》**

- 来自世界最古老的商学院——欧洲商学院的战略思维和决策圣经。
- 众多国内外企业人士鼎力推荐。
- 一本企业管理者和 ENBA 学生必读书。

**《金融创新：重塑未来世界的智财》**

- 金融史始终是一部动态创新的历史，本书力求探明金融创新的本质，指出金融创新的方向，如此才能守护金融创新本有的善意。
- 诺尔贝经济学奖得主、英国央行首席经济学家、中国银行业协会首席经济学家、清华五道口金融学院副院长联袂推荐。